Das ultimative Kochbuch für heiße Schokoladenbomben

100 köstliche Rezepte für hausgemachte Schokoladenkugeln zur Befriedigung Ihrer Naschkatzen

Marco Schmidt

INHALTSVERZEICHNIS

INHALTSVERZEICHNIS 3

EINFÜHRUNG 7

1. Heiße Matcha-Schokoladenbomben 8
2. Zuckerwatte-Schokoladenbomben 11
3. Heiße Schokoladenbomben mit Kürbisgewürz.............. 13
4. Heiße Schokoladenbomben............................... 15
5. Regenbogenweiße heiße Schokoladenbomben 17
6. Marmorschokoladenei................................... 19
7. Heiße Kakaobomben von Rum Chata 21
8. Zuckerstangen-Kakaobomben 23
9. Feuerball-heiße Kakaobomben........................... 25
10. Herzförmige Kakaobomben.............................. 27
11. S'mores Hot Cocoa Bombs.............................. 29
12. Skellington Hot Cocoa Bombs 32
13. Heiße Kakaobomben mit fruchtigen Kieselsteinen......... 35
14. Marshmallow-Schokoladenbomben....................... 38
15. Cappuccino-Bomben................................... 41
16. Sahnekaffeebomben................................... 43
17. Blonde weiße Mokka-Kaffeebombe 45
18. Schwarzwälder Kaffeebombe 47
19. Würzige mexikanische Mokka-Bombe 49
20. Himbeer-Frappuccino-Bombe........................... 51
21. Kugelsichere Kaffeebomben 53
22. Instant-Orangen-Cappuccino 55
23. Blumige Teebombe 57
24. Teebombe mit Vanillesirup 59
25. Schwarze Chai-Teebomben 61
26. Zuckertee-Bomben.................................... 63
27. Hagebutten-Grüntee-Bombe 65
28. Kokos-Chai-Spritzer-Bombe 67
29. Rezept für irische Crème-Kaffeebomben 69
30. Früchtetee-Bombe 71

31. Earl Grey Teebomben 73

32. Zuckerfreie Teebomben 76

33. Farbige heiße Teebomben 78

34. Kräutertee-Bomben 81

35. Cocktailsprudler 84

36. Kosmopolitische Sprudelbomben 86

37. Tequila Sunrise Sprudelbomben 89

38. Erdbeer-Mimose 91

39. Bloody Mary 93

40. Margarita-Zauberbombe 95

41. Kokos-Mojito 97

42. Piña-Colada-Bombe 99

43. Ananas-Guave 101

44. Kohlensäurehaltige, würzige Bierbombe 103

45. Bellini Rouge 105

46. Lavendel-Lush-Bombe 107

47. Kater-Kohlebombe 109

48. Limoncello-Sprudler 111

49. Altmodisch 113

50. Kaugummibombe 115

51. Geburtstagstorte 117

52. Bienenknie 119

53. Berry Smash 121

54. Erdbeer-Basilikum-Mojito 123

55. Grapefruit-Crush 125

56. Peaches n' Cream Bombs 127

57. Blaubeerbomben 130

58. Gurken-Minz-Twist 133

59. Zuckerwatte-Glitzerbomben 135

60. Koolaid-Bomben 137

61. Karamell-Apfelwein-Bomben 139

62. Zuckerwatte-Bombe 141

63. Azaleenbombe 143

64. Mango-Batida-Bombe 145
65. Frosted Cranberry-Bombe 147
66. Blaue Himbeerbombe.................................. 149
67. Himbeer-Orangen-Bombe 151
68. Zitronenbombe 153
69. Kosmobombe 155
70. Peacharita-Bombe 157
71. Passion Hurricane-Bombe 159
72. Michelada-Bombe 161
73. Zombie-Cocktail-Bombe.............................. 163
74. Sazerac-Bombe 165
75. Mango Mule 167
76. Zitrussprudel 169
77. Virgin-Gurkenbombe 171
78. Rituelle Apfelbombe 173
79. Shirley Ginger 175
80. Wassermelonen-Margarita 177
81. Berry Burlesque 179
82. Lavendellimonade 181
83. Rosmarin-Blaubeer-Smash 183
84. Kokos-, Gurken- und Minzbombe 185
85. Wassermelonen-Minz-Bombe 187
86. Zitronengras- und Jasminbombe.................. 189
87. Blaubeer-Mojito.. 191
88. Jungfrau Paloma 193
89. Wildcat Cooler... 195
90. Ananas-Ingwer-Bierbombe.......................... 197
91. Seedlip Spice & Tonic................................. 199
92. Ananas-Cobbler 201
93. Tahiti-Kaffee 203
94. Himbeerbienenknie 205
95. Pina Serrano Margarita 207
96. Nopaloma-Bombe 209

97. Revitalizer-Bombe 211

98. Arnold Palmers Fizzy Bomb 213

99. Prosecco Rose 216

100. Fruchtige Getränkebomben 218

ABSCHLUSS **220**

EINFÜHRUNG

Sind Sie bereit, sich der neuesten Sensation hinzugeben, die die Welt der Desserts im Sturm erobert? Überall in den sozialen Medien tauchen heiße Schokoladenbomben auf, und das aus gutem Grund: Sie sind absolut köstlich! Diese kleinen Leckerbällchen sind mit heißer Schokoladenmischung, Marshmallows und anderen köstlichen Überraschungen gefüllt, die aufplatzen, wenn Sie heiße Milch darüber gießen, und eine dekadente, cremige Tasse Kakao ergeben.

In diesem Das ultimative Kochbuch für heiße Schokoladenbomben finden Sie eine große Auswahl an Rezepten für jeden Geschmack und Anlass. Egal, ob Sie klassische Aromen von heißem Kakao bevorzugen oder mit aufregenden neuen Kombinationen wie Minze, Erdnussbutter oder sogar Kürbisgewürz experimentieren möchten, dieses Kochbuch ist genau das Richtige für Sie. Sie lernen alle Tipps und Tricks kennen, die Sie benötigen, um jedes Mal perfekte heiße Schokoladenbomben zu kreieren, von den richtigen Formen bis hin zur besten Schokolade zum Schmelzen. Beeindrucken Sie Ihre Freunde und Familie mit atemberaubend dekorierten Bomben, einschließlich Designs mit Feiertagsmotiven für Weihnachten, Halloween und Valentinstag.

Schnappen Sie sich also Ihre Schürze und machen Sie sich bereit für ein schokoladiges Abenteuer mit diesem Das ultimative Kochbuch für heiße Schokoladenbomben-Kochbuch!

Heiße Schokoladenbomben, heißer Kakao, Marshmallows, dekadent, cremig, lecker, Rezepte, klassisch, neue Kombinationen, Minze, Erdnussbutter, Kürbisgewürz, Tipps, Tricks, Formen, Schokolade, dekorierte Bomben, Feiertagsdesigns, Weihnachten, Halloween, Valentinstag, schokoladiges Abenteuer..

1. Heiße Matcha-Schokoladenbomben

MACHT: 6 Bomben

ZUTATEN:
MATCHA-TRÜFFEL
- 1/4 Tasse weiße Schokoladenstückchen
- 1 Esslöffel schwere Schlagsahne
- 1/4 Teelöffel Matcha-Pulver

Weiße Matcha-Schokolade
- 3/4 Tasse weiße Schokoladenstückchen
- 1 & 1/2 Teelöffel Matcha-Pulver

AUSRÜSTUNG:
- Halbkugelformen

ANWEISUNGEN:
MATCHA-TRÜFFEL

☑ Weiße Schokolade, Schlagsahne und Matcha-Pulver in einer kleinen mikrowellengeeigneten Schüssel 60 Sekunden lang schmelzen.

☑ Abdecken und im Kühl- oder Gefrierschrank 30–45 Minuten kühl stellen, oder bis es vollständig fest ist.

☑ Nehmen Sie jeweils einen Teelöffel heraus, rollen Sie ihn auf und legen Sie ihn auf eine Platte.

MATCHA-SCHALEN

☑ In einer mittelgroßen Rührschüssel die weiße Schokolade und das Matcha-Pulver vermischen. In der Mikrowelle erhitzen, bis es geschmolzen ist.

☑ Wenn die Schokolade vollständig geschmolzen ist, geben Sie einen Esslöffel davon in jede Formmulde.

☑ Verteilen Sie die Schokoladenmischung mit der Rückseite eines Löffels an den Seiten jeder Form.

☑ Die Form 15 Minuten lang einfrieren oder bis die Schalen vollständig fest sind.

MONTIEREN

☑ Legen Sie eine der leeren Schokoladenkuppeln auf eine leicht erhitzte Schüssel. Legen Sie den Matcha-Trüffel hinein, kochen Sie dann die zweite Hälfte und geben Sie sie dazu.

☑ Die restliche weiße Schokolade in einer Plastiktüte schmelzen und leicht über die heißen Matcha-Schokoladenbomben gießen.

☑ In einem luftdichten Behälter gekühlt bis zu einer Woche aufbewahren.

2. Zuckerwatte-Schokoladenbomben

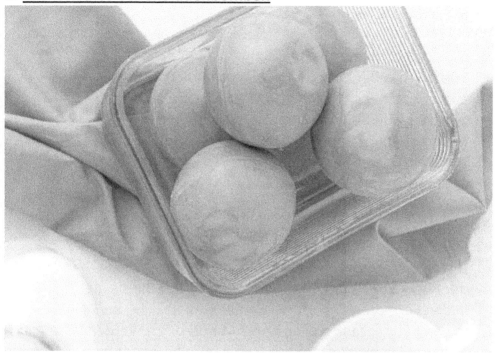

Ergibt: 5 Bomben

ZUTATEN:
- 6 Esslöffel Erdbeermilchmischung
- 1 Tasse rosa Bonbonschmelze, geschmolzen
- Zuckerwatte
- 1 Tasse blaue Bonbonschmelze, geschmolzen
- ½ Tasse Mini-Marshmallows

AUSRÜSTUNG:
- Silikonform

ANWEISUNGEN:
- ☑ Füllen Sie jede Halbkugelform mit 1 Esslöffel jeder Farbe.
- ☑ Um eine Marmoroptik zu erzeugen, rühren Sie die Farben mit der Rückseite eines Löffels um und verteilen Sie sie gleichmäßig in den Formen.
- ☑ In den Kühlschrank stellen und 8 Minuten fest werden lassen.
- ☑ Nehmen Sie die Kugeln vorsichtig aus der Form, sobald sie erstarrt sind.
- ☑ 6 der Kugelhälften mit 1 Esslöffel Erdbeermilch beträufeln.
- ☑ Streuen Sie etwas Zuckerwatte und ein paar kleine Marshmallows darüber.
- ☑ Ein kleines Gericht 45 Sekunden lang in der Mikrowelle erhitzen, um es vorzuwärmen.
- ☑ Eine der leeren Kugelhälften sollte für kurze Zeit auf die Platte gelegt werden, um die Kanten zu schmelzen und so einen Kleber zu erzeugen.
- ☑ Richten Sie die entsprechenden gefüllten Halbkugeln aus
- ☑ Zum Servieren mit 170 ml heißer Milch oder Wasser vermischen.

3. Heiße Schokoladenbomben mit Kürbisgewürz

MACHT: 3 Bomben

ZUTATEN:
- 1 1/2 Tassen weiße Bonbonschmelze, geschmolzen
- 1/4 Tasse Orangenbonbons, geschmolzen
- 3 Päckchen heiße Kürbisgewürz-Schokoladenmischung
- 1/4 Tasse Mini-Marshmallows

AUSRÜSTUNG:
- Silikon-Kugelform

RICHTUNGEN
- In jede Kugel eineinhalb Teelöffel Schokolade geben.
- Glätten Sie die Schokolade mit einem Löffel oder Pinsel und bewegen Sie sie in der Form, bis sie vollständig bedeckt ist.
- Für etwa fünf Minuten in den Kühlschrank stellen.
- Sobald die Schokolade ausgehärtet ist, vorsichtig aus den Formen lösen.
- Fügen Sie Marshmallows zu drei der Schokoladen hinzu, nachdem Sie die heiße Schokoladenmischung hinzugefügt haben.
- Erwärmen Sie ein Gericht, das in der Mikrowelle erhitzt werden kann.
- Legen Sie die leere Tafel Schokolade auf den Teller und schmelzen Sie dann die Ränder.
- Passen Sie es an die Oberseite der vollen Kugel heißer Schokolade an.
- Dann die Schokolade als Kleber verwenden und die Stücke vorsichtig zusammendrücken.
- Gießen Sie Orangenschokolade in einen Spritzbeutel und befestigen Sie dann Schnüre an der Oberseite der Bombe.

4. Heiße Schokoladenbomben

Ergibt: 4 Bomben

ZUTATEN:
- 2 Tassen Schokoladenstückchen, geschmolzen
- 3 Päckchen heiße Kakaomischung

Toppings
- Mini-Marshmallows
- Sträusel
- Toffeestücke

RICHTUNGEN
☑ Geben Sie die geschmolzene Schokolade mit einem Löffel in die Formen und streichen Sie sie an den Rändern glatt, bis sie vollständig bedeckt ist.

☑ Stellen Sie die Schokolade etwa 30 Minuten lang in den Kühlschrank oder bis sie vollständig fest ist.

☑ Füllen Sie Ihre Form mit der heißen Kakaomischung und allen anderen Zutaten.

☑ Gießen Sie die restliche Schokolade auf die Bomben, um deren „Rückseite" zu verschließen.

☑ Stellen Sie die Form in den Kühlschrank, bis die Schokolade fest geworden ist.

☑ Servieren Sie die Bombe in einer Tasse mit heißer Milch und rühren Sie, bis sie geschmolzen ist.

5. Regenbogenweiße heiße Schokoladenbomben

HERSTELLT: 12 Bomben

ZUTATEN:
- 16 Unzen gehackte weiße Schokolade, geschmolzen
- ½ Tasse Mini-Marshmallows
- 6 Päckchen weiße heiße Schokoladenmischung
- ½ Tasse Lucky Charms Marshmallows
- Sträusel

ANWEISUNGEN:
- ☑ In jede Form etwa 1 Esslöffel der geschmolzenen Schokolade geben und mit der Rückseite des Löffels glatt streichen.
- ☑ 10 Minuten einfrieren lassen.
- ☑ Nehmen Sie die Formen aus dem Gefrierschrank und nehmen Sie die Schokoladenschalen aus den Formen.
- ☑ Legen Sie die Hälften auf eine heiße, flache Platte, um die Ränder abzuflachen.
- ☑ Füllen Sie jede Mulde mit einer Packung Marshmallows und heißer Kakaomischung.
- ☑ Erhitzen Sie den Teller zwei Minuten lang in der Mikrowelle.
- ☑ Legen Sie die restlichen Teile aufeinander und drücken Sie sie vorsichtig zusammen, um sie zu verschließen.
- ☑ Mit einer Tasse heißer Milch servieren.

6. Marmorschokoladenei

MACHT: 3 Bomben

ZUTATEN:
- 10 Esslöffel weiße Schokolade, geschmolzen
- Verschiedene Süßigkeiten
- Lebensmittelfarbe

ANWEISUNGEN:
- ☑ Um die gewünschten Farben zu erhalten, kombinieren Sie 1 Esslöffel geschmolzene Schokolade mit verschiedenen Lebensmittelfarben.
- ☑ Füllen Sie eine Silikon-Eierform zur Hälfte mit farbiger Schokolade. Um ein marmoriertes Design zu erhalten, vermischen Sie die Farben mit einem Zahnstocher.
- ☑ Gießen Sie geschmolzene weiße Schokolade über die Form und drehen Sie sie, um sie vollständig zu bedecken. Lassen Sie es vollständig abkühlen, bevor Sie es aus der Form nehmen.
- ☑ Eine Blechpfanne vorheizen und jeweils eine Hälfte jedes Eies darauf drücken, bis die Ränder zu schmelzen beginnen.
- ☑ So schnell wie möglich mit verschiedenen Bonbons befüllen, dann die beiden Teile zusammendrücken, bis sie vollständig verschlossen sind.

7. Heiße Kakaobomben von Rum Chata

MACHT: 3 Bomben

ZUTATEN:
- 12 Unzen weiße schmelzende Schokolade
- 6 Esslöffel Rum Chata
- 2 Päckchen heiße Kakaomischung
- 1 Tasse Mini-Marshmallows
- 6 Tassen heiße Milch

AUSRÜSTUNG:
- 1 Satz Silikonformen

ANWEISUNGEN:
- ☑ Schokolade in die Formen geben, dabei darauf achten, dass die Innenseiten bedeckt sind, und 15 Minuten zum Aushärten beiseite stellen.
- ☑ Nehmen Sie die Schokolade aus den Formen.
- ☑ Die Hälfte der Kanten einer Kugel schmelzen.
- ☑ Herausnehmen, auf einem Backblech verteilen und mit Kakaopulver, Rum-Chata und Miniatur-Marshmallows belegen.
- ☑ Schmelzen Sie nur die Ränder der verbleibenden Hälfte der Schokoladenkugeln und legen Sie sie auf eine der Schokoladenkugeln. Füllen Sie sie mit Kakao oder anderen Zutaten, um die Oberseite der Kugel oder Bombe zu bilden.
- ☑ Nachdem sie gefüllt und zusammengeschmolzen sind, legen Sie die Kakaobomben für 30 Minuten in den Kühlschrank, oder bis die Schokolade vollständig fest ist.
- ☑ Warme Milch darübergießen.
- ☑ Das Kakaopulver hinzufügen und dann servieren!

8. Zuckerstangen-Kakaobomben

MACHT: 6 Bomben

ZUTATEN:
- 1/4 Tasse zerkleinerte Zuckerstangen
- Mini-Zuckerstangenstreusel
- 1/2 Tasse im Laden gekaufte Kakaomischung
- 12 Unzen hellweiße Bonbonschmelze, temperiert
- 1/2 Tasse dehydrierte Mini-Marshmallows
- 1/4 Teelöffel Pfefferminz-Aromaöl
- Tortenaufsätze in Form einer Zuckerstange
- Pfefferminz-Marshmallows

ANWEISUNGEN:
- ☑ Die Schokolade schmelzen und mit dem aromatisierten Öl abschmecken.
- ☑ Gießen Sie 1–2 Teelöffel geschmolzene Schokolade in jede Form und streichen Sie sie mit einem Pinsel oder der Rückseite eines Löffels glatt, um sicherzustellen, dass die Schokolade die gesamte Form bedeckt und an den Seiten nach oben reicht.
- ☑ 5 Minuten im Kühlschrank ruhen lassen.
- ☑ Entfernen Sie vorsichtig die Form.
- ☑ Für den Deckel 6 Schalen beiseite legen.
- ☑ Die Ränder der 6 unteren Schalen schmelzen.
- ☑ Fügen Sie zu jeder Schale 1 Esslöffel der weißen Kakaomischung, eine großzügige Menge Zuckerstangenstreusel, einen Pfefferminz-Marshmallow, einen Zuckerstangen-Topping und mehrere getrocknete Mini-Marshmallows hinzu.
- ☑ Die Ränder der Oberteile schmelzen und an den restlichen Schalen befestigen.
- ☑ Mit heißer Milch genießen.
- ☑ Bewahren Sie vorbereitete Schokoladenbomben in einem luftdichten Behälter bei Raumtemperatur bis zu zwei Wochen auf.

9. Feuerball-heiße Kakaobomben

MACHT: 6 Bomben

ZUTATEN:
- 7 Unzen Milchschokolade-Schmelzwaffeln, geschmolzen
- 6 Esslöffel heiße Kakaomischung
- 2 Schuss Fireball Whiskey
- Rote Jimmys
- Goldstreumischung
- Halbkugel-Silikonform

ANWEISUNGEN:
- ☑ Füllen Sie jeden Formhohlraum mit einem Löffel geschmolzener Schokolade.
- ☑ Verwenden Sie einen Löffel oder eine Backbürste, um die Schokolade gleichmäßig im Hohlraum der Form zu verteilen.
- ☑ Für fünf Minuten in den Gefrierschrank stellen.
- ☑ Den Fireball Whiskey und die heiße Kakaomischung in eine große Rührschüssel geben und gut verrühren.
- ☑ Schneiden Sie die Spitze des Druckverschlussbeutels oder Spritzbeutels ab und gießen Sie die restliche geschmolzene Schokolade hinein.
- ☑ Eine kleine Schüssel in die Mikrowelle stellen.
- ☑ Füllen Sie 6 Schokoladenhalbkugeln mit der Fireball-Kakao-Mischung.
- ☑ Die Feuerball-Kakao-Mischung zu 6 Schoko-Halbkugeln hinzufügen.
- ☑ Legen Sie eine leere Halbkugel verkehrt herum auf eine Heizplatte und bewegen Sie sie langsam hin und her, um den Rand zu schmelzen.
- ☑ Befestigen Sie es an einer Schokoladenhalbkugel, in der sich Kakao oder Feuerbälle befinden.
- ☑ Zum Servieren 170 ml heißes Wasser oder Milch in einen Becher geben, gründlich umrühren und dann nippen.

10. **Herzförmige Kakaobomben**

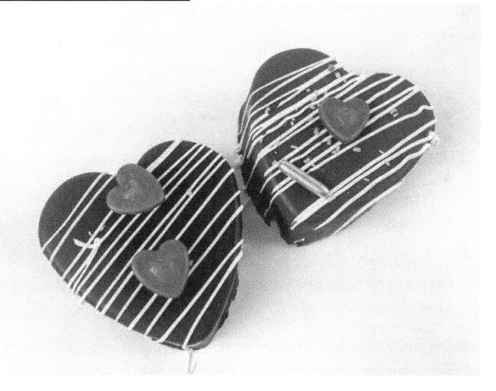

MACHT: 6 Bomben

ZUTATEN:
HEISSES SCHOKOLADENPULVER:
- ¼ Tasse gehackte weiße Schokolade
- 1 Tasse feinster Zucker
- ½ Tasse ungesüßtes Kakaopulver
- 2 Esslöffel Milchpulver

HEISSE SCHOKOLADENBOMBEN:
- 1 Tasse heißes Schokoladenpulver
- 16 Unzen weiße Schokoladenrinde, geschmolzen
- ¼ Tasse Mini-Marshmallows

RICHTUNGEN
HEISSES SCHOKOLADENPULVER:
- ☑ Alle Zutaten für das Schokoladenpulver in einer kleinen Schüssel vermischen.

HEISSE SCHOKOLADENBOMBEN:
- ☑ Füllen Sie jedes Loch der herzförmigen Form mit einem Löffel oder einem Backpinsel mit 2–3 Esslöffeln geschmolzener weißer Schokolade.
- ☑ Etwa 5 Minuten lang kalt stellen, oder bis es vollständig fest ist.
- ☑ Nehmen Sie die Schokoladenschalen aus der Form und füllen Sie eine Seite mit Marshmallows und zwei Esslöffeln heißem Schokoladenpulver.
- ☑ Eine beschichtete Pfanne erhitzen.
- ☑ Legen Sie den Rand der leeren Schale 3 bis 5 Sekunden lang auf die Oberfläche, oder bis der Rand weicher wird.
- ☑ Drücken Sie die beiden Schalen vorsichtig zusammen, um eine Abdichtung zu erzielen.
- ☑ Legen Sie die versiegelte Bombe wieder für fünf Minuten in den Kühlschrank, damit sie aushärten kann.
- ☑ Mit einer Tasse heißer Milch servieren.

11. Heiße Kakaobomben von S'mores

Ergibt: 6 heiße Kakaobomben

ZUTATEN:
- 3 Tassen geschmolzene weiße Schokoladen-Mandelrinde
- 1 1/2 Tassen heiße Kakaomischung – aufgeteilt
- Mini-Marshmallows – 5 für jede Bombe – insgesamt 30
- 1 Tasse Schokolade – geschmolzen – als Top-Dekoration
- Mini-Marshmallows – geröstet – für die Top-Dekoration.
- 1 Hülse Graham Cracker – Hälften
- 3 Hershey's-Schokoriegel – an der Perforation in Stücke gebrochen

ANWEISUNGEN:
- ☑ Geben Sie die weiße Schokoladen-Mandelrinde in eine mikrowellengeeignete Schüssel und stellen Sie sie alle 15 Sekunden in die Mikrowelle, bis die Schokolade geschmolzen ist. Zwischendurch umrühren.
- ☑ Geben Sie die weiße Schokolade so weit in die Form, dass der Boden und die Seiten mit einer dicken Schokoladenschicht bedeckt sind. Lassen Sie die Schokolade etwa 30 Minuten lang bei Raumtemperatur ruhen und stellen Sie sie dann weitere 30 Minuten lang in den Kühlschrank, damit die Schokolade vollständig fest wird.
- ☑ Aus dem Kühlschrank nehmen und die Hälfte der Formen mit 1/4 Tasse heißer Kakaomischung und Mini-Marshmallows füllen.
- ☑ Nehmen Sie die andere Hälfte der Schokolade aus den Formen, erwärmen Sie die Ränder vorsichtig in einer kleinen beschichteten Pfanne oder auf einer heißen Platte, um den Rand der Schokolade kaum zu schmelzen, und kleben Sie die Oberseite der Form auf die Unterseite der Form und verschließen Sie sie mit dem geschmolzene Schokolade.
- ☑ Nochmals für 30 Minuten in den Kühlschrank stellen, damit die Schokolade fest wird.
- ☑ Nehmen Sie die Schokoladenbombe aus dem Kühlschrank, träufeln Sie geschmolzene Schokolade über die S'mores Hot

Cocoa Bombs, geben Sie einen Klecks Schokolade darauf und legen Sie 3 geröstete Mini-Marshmallows darauf.

☑ Legen Sie einen Klecks Schokolade auf ein Graham-Cracker-Quadrat und kleben Sie die beiden Stücke zusammen. Legen Sie einen weiteren Klecks Schokolade auf die Schokolade und kleben Sie die heiße Kakaobombe darauf.

☑ Zum Servieren heiße Milch hinzufügen, auflösen lassen, umrühren und genießen!

12. Heiße Kakaobomben von Skellington

Ergibt: 8–10 heiße Kakaobomben

ZUTATEN:
- 1 - 30-Unzen-Beutel mit schmelzenden Waffeln aus weißer Schokolade
- 2 Tassen heiße Kakaomischung mit Kürbisgewürz
- 1 Tasse Mini-Marshmallows
- 1 Flasche schwarze Keksglasur

ANWEISUNGEN:
- ☑ Verwenden Sie ein Papiertuch oder ein sauberes Küchentuch und wischen Sie die Innenseite der Silikonformen ab. Dadurch erhält Ihre Schokoladenform eine glänzende Schicht
- ☑ Gießen Sie die restlichen schmelzenden Waffeln in eine hitzebeständige Schüssel und stellen Sie sie für 45 Sekunden in die Mikrowelle. Achten Sie darauf, die Schokolade alle 45 Sekunden umzurühren, bis sie vollständig geschmolzen und glatt ist
- ☑ Mit einem Löffel etwa 1-2 Esslöffel der Schokolade in die Form geben
- ☑ Schwenken Sie die Schokolade vorsichtig um, bis die Innenseite der Form vollständig bedeckt ist
- ☑ Schütteln Sie die überschüssige Schokolade leicht zurück in die Schüssel
- ☑ Die beschichteten Formen für 5-10 Minuten in den Kühlschrank stellen
- ☑ Aus dem Kühlschrank nehmen und die Silikonform vorsichtig von der ausgehärteten Schokoladenhülle abziehen
- ☑ Legen Sie die Form vorsichtig auf das Backblech
- ☑ Wiederholen Sie die Schritte mit den restlichen Formen
- ☑ Sie sollten jetzt 8 Halbkugelformen haben
- ☑ Nehmen Sie die offene Seite der Kugel vorsichtig und legen Sie sie auf die Pfanne, um die unebenen Kanten abzuschmelzen und eine glatte Kante zu erhalten
- ☑ Legen Sie die Schale wieder auf das Backblech und lassen Sie den Rand aushärten

- ☑ Geben Sie etwa 1 Esslöffel der heißen Kakaomischung mit Kürbisgewürz auf den Boden der Kugelform
- ☑ Geben Sie ein paar Mini-Marshmallows in die Schale
- ☑ Legen Sie die Oberseite der Schale wieder auf die warme Pfanne, um die Ränder einige Sekunden lang zu schmelzen
- ☑ Die geschmolzenen Ränder zügig auf die gefüllte Schale legen und leicht andrücken
- ☑ Drücken Sie die Keksglasur in den Spritzbeutel und schneiden Sie die Spitze ab.
- ☑ Zeichnen Sie sorgfältig die Details von Jack Skellingtons Gesicht ein.
- ☑ Lassen Sie die Glasur aushärten, bevor Sie sie in einem Glas aufgeschäumter Milch genießen!

13. Fruchtige Kieselsteine, heiße Kakaobomben

Macht: 6

ZUTATEN:

- 2 Tassen weiße, schmelzende Waffeln mit Vanillegeschmack
- ¼ Tasse blaue Bonbonschmelze
- ¼ Tasse lila Bonbonschmelze
- ¼ Tasse rosa Bonbonschmelze
- 6 Esslöffel Erdbeer-Schokoladenmilchpulver
- 1 Tasse fruchtiges Kiesel-Müsli
- ½ Tasse Mini-Marshmallows
- Halbkugelförmige Silikonform
- Backpinsel

ANWEISUNGEN:

- ☑ In einer mittelgroßen, mikrowellengeeigneten Schüssel die weißen Schmelzwaffeln in 30-Sekunden-Schritten schmelzen und zwischendurch umrühren, um ein Anbrennen zu vermeiden. Dies sollte nur 60-90 Sekunden dauern.
- ☑ Sobald es geschmolzen ist, jede Form mit einem Backpinsel oder Löffel gleichmäßig mit etwa 2 Esslöffeln bestreichen.
- ☑ Sobald die Formen bedeckt sind, stellen Sie sie für etwa 10–15 Minuten in den Kühlschrank, bis die Schokolade ausgehärtet ist.
- ☑ Aus dem Kühlschrank nehmen, eine zweite Schicht Schokolade auftragen und erneut fest werden lassen. Dann jede Halbkugel vorsichtig aus der Form nehmen und beiseite stellen.
- ☑ In 3 kleinen, mikrowellengeeigneten Schüsseln die einzelnen farbigen Bonbonschmelzen in 30-Sekunden-Schritten schmelzen und zwischendurch umrühren. Dies sollte nur etwa 30-60 Sekunden dauern.
- ☑ Trennen Sie 6 der Kugelhälften und reservieren Sie die anderen 6 für den Boden. Nehmen Sie nacheinander die sechs Oberteile und streichen Sie mit dem Backpinsel eine dünne Schicht farbiges Bonbon auf und schmelzen Sie es über die Außenseite jeder Halbkugel.

- ☑ Tauchen Sie es kurz in die fruchtigen Kieselsteine oder drücken Sie das Müsli vorsichtig auf die Halbkugel und lassen Sie es fest werden.
- ☑ In die anderen 6 schlichten weißen Hälften 1 Esslöffel Erdbeer-Schokoladen-Milchpulver geben. Geben Sie mindestens einen halben Esslöffel des fruchtigen Kiesel-Müsli und mehrere Mini-Marshmallows darauf.
- ☑ Erwärmen Sie einen kleinen, mikrowellengeeigneten Teller etwa 45–60 Sekunden lang in der Mikrowelle. Legen Sie die leere, „bemalte" Hälfte für einige Sekunden auf den warmen Teller, damit der Rand schmilzt. Der warme, geschmolzene Rand fungiert als Kleber.
- ☑ Platzieren Sie es sofort auf der passenden, gefüllten Halbkugel. Führen Sie einen sauberen Finger über die Kante, um sie zu reinigen. Verbinden Sie abschließend die anderen 5 Kugeln.
- ☑ Servieren und genießen oder verpacken und als Geschenk verwenden!

14. Marshmallow-Schokoladenbomben

Stelle her: 8 Bomben

ZUTATEN:

- 6 Unzen gehackte Schokolade oder Schokoladenstückchen
- 1 ½ Esslöffel Kakaopulver
- 1 ½ Esslöffel Kristallzucker
- 1/4 Tasse dehydrierte Marshmallowstücke
- 1/4 Tasse gehackte Kontrastschokolade zum Beträufeln

ANWEISUNGEN:

- ☑ Schmelzen Sie 4 Unzen (ca. 2/3 Tasse) der Schokolade und gießen Sie dann 1 Teelöffel geschmolzene Schokolade in jede der 16 Tassen in einer Silikonform.
- ☑ Verwenden Sie die Rückseite eines kleinen Löffels, beispielsweise eines 1/4-Teelöffel-Messlöffels, um die geschmolzene Schokolade an den Seiten und um die Ränder jeder Tasse herum nach oben zu schieben, um sie vollständig zu bedecken.
- ☑ Die restlichen 2 Unzen (1/3 Tasse) Schokolade schmelzen und den Vorgang wiederholen. Gießen Sie dieses Mal nur einen halben Teelöffel geschmolzene Schokolade in jede Tasse und arbeiten Sie mit jeweils einer Form, gießen Sie die Schokolade hinein und verteilen Sie sie an den Seiten und Rändern, da sie bei Kontakt mit dem Gefrorenen schnell aushärtet Schokolade. Es ist wichtig, sicherzustellen, dass die Seiten Ihrer Form gut beschichtet sind und Sie eine schöne dicke Schokoladenschicht haben – das hilft, Risse zu vermeiden.
- ☑ Die Form(en) weitere 5 Minuten einfrieren.
- ☑ Das Kakaopulver und den Kristallzucker in einer kleinen Schüssel zu einer heißen Schokoladenmischung verquirlen. Ein kleines Backblech mit Rand mit Backpapier auslegen und einen umgedrehten Rost darauf legen. Dadurch wird verhindert, dass die Schokoladenschalen beim Füllen herumrollen.
- ☑ Die Schokoladenhüllen aus den Formen nehmen. Es ist ein kniffliger Prozess, also nehmen Sie sich Zeit. Ziehen Sie das Silikon vorsichtig mit den Daumen von den Rändern der

Schokolade ab und drücken Sie es dann mit den Zeigefingern vom Boden der Form nach oben, um die Schale herauszuheben.

- ☑ Wenn die Schale leichte Risse oder gezackte Kanten aufweist, besteht kein Grund zur Sorge. Sie werden im nächsten Schritt geglättet.
- ☑ Füllen Sie die heißen Schokoladenbomben:
- ☑ Erhitzen Sie einen mikrowellengeeigneten Teller etwa 30 Sekunden lang in der Mikrowelle, bis er warm ist. Legen Sie 1 Schokoladenschale mit der offenen Seite nach unten auf den warmen Teller und schmelzen Sie die Ränder, bis sie flach sind.
- ☑ Geben Sie vorsichtig einen halben Teelöffel Kakao-Zucker-Mischung in die Schale. Legen Sie die gefüllte Schale auf das Gestell, um sie aufrecht zu halten.
- ☑ Drücken Sie die beiden Hälften vorsichtig zusammen.
- ☑ Verteilen Sie die geschmolzene Schokolade mit Ihrem Finger um die Naht der Bombe herum, um sie zu verschließen. Wiederholen, bis alle Bomben gefüllt und versiegelt sind.
- ☑ Zum Dekorieren die weiße Schokolade schmelzen und in einen kleinen Sandwichbeutel mit Reißverschluss geben. Schneiden Sie eine kleine Ecke der Tüte ab und träufeln Sie dann die Schokolade über die Bomben. Dies hilft auch, unschöne Nähte oder Fingerabdrücke zu verdecken!
- ☑ Erhitzen Sie 3/4 Tasse Milch in einem mikrowellengeeigneten Becher oder einem Topf bei mittlerer bis niedriger Hitze, bis sie dampfend heiß ist.
- ☑ Lassen Sie eine heiße Schokoladenbombe vorsichtig in die Tasse fallen oder gießen Sie die dampfende Milch über eine Bombe in einer Tasse und beobachten Sie, wie die Magie geschieht.
- ☑ Nach Belieben mit weiteren Marshmallowstückchen servieren.

15. Cappuccino-Bomben

MACHT: 6 Bomben

ZUTATEN:
- Pralinenwaffeln, geschmolzen
- 1 Esslöffel + 1 Teelöffel Cappuccino-Instantmischung
- Vanille-weiße Bonbonwaffeln, geschmolzen
- Heiße Milch

AUSRÜSTUNG:
- Mittlere halbkugelförmige Silikonform

ANWEISUNGEN:
- ☑ Füllen Sie die Silikonformen mit der Rückseite eines Löffels mit geschmolzener Schokolade.
- ☑ 10–15 Minuten lang im Kühlschrank lagern oder einfrieren, oder bis sie sich leicht entfernen lassen.
- ☑ 1 Esslöffel + 1 Teelöffel Instant-Cappuccino-Mischung zu einer Schokoladenhälfte hinzufügen.
- ☑ Erhitzen Sie einen Teller in der Mikrowelle etwa 15 Sekunden lang. Um die Schokolade zu schmelzen, nehmen Sie die andere Schokoladenhälfte und legen Sie den offenen Teil einige Sekunden lang auf die heiße Platte.
- ☑ Verbinden Sie die beiden Schokoladenhälften und verschließen Sie sie miteinander.
- ☑ Mit heißer Milch genießen.

16. Sahnekaffeebomben

MACHT: 3 Bomben

ZUTATEN:
- ½ Tassen Isomalt, geschmolzen
- 3-4 Teelöffel Instantkaffee
- ¼ Tassen Kaffeeweißer in Pulverform
- Braune Gel-Lebensmittelfarbe

ANWEISUNGEN:
- ☑ Eine Halbkugelform mit brauner Lebensmittelfarbe und 1 Esslöffel geschmolzenem Isomalt bestreichen.
- ☑ Schieben Sie das Isomalt mit der Unterseite Ihres Löffels an den Seiten der Form nach oben.
- ☑ Die mit Isomalt gefüllten Bombenformen 5 Minuten einfrieren. Ziehen Sie das Silikon mit einer sanften Schälbewegung von den Formen ab, nachdem Sie diese aus dem Isomalt-Becher aus dem Gefrierschrank genommen haben.
- ☑ In Isomalt-Formen 1 Esslöffel Instantkaffee und Milchpulver geben.
- ☑ Erhitzen Sie einen Teller und drücken Sie einen der leeren Isomaltbecher mit der offenen Seite nach unten etwa 10 Sekunden lang auf die flache Seite der Heizplatte.
- ☑ Diesen Rand gleich auf einen der gefüllten Becher legen.
- ☑ Dadurch werden die beiden Hälften der Bombe verbunden.

17. Blonde weiße Mokka-Kaffeebombe

MACHT: 3 Bomben

ZUTATEN:
- 1 Tasse weiße Schokoladenstückchen, geschmolzen
- 6 Esslöffel Kaffeesahne mit Vanillepulver

ANWEISUNGEN:
- ☑ Beschichten Sie die Innenseite der Silikonform mit einem Löffel oder Backpinsel gleichmäßig mit einer Schicht Schokolade.
- ☑ Die Form 10-15 Minuten im Gefrierschrank einfrieren.
- ☑ Die Halbkreise vorsichtig aus der Form lösen und auf eine gefrorene Platte legen.
- ☑ Geben Sie 1–2 Teelöffel Kaffeesahne zusammen mit den weiteren Zutaten in drei halbe Kugeln.
- ☑ Erhitzen Sie die Ränder der restlichen Kugelhälften leicht und legen Sie sie auf die mit dem Milchkännchen gehaltenen.
- ☑ Um die Kaffeebombe zu verwenden, legen Sie sie in eine Kaffeetasse und gießen Sie heißen Kaffee darüber.

18. Schwarzwälder Kaffeebombe

HERSTELLT: 2 Bomben

ZUTATEN:
- ½ Tassen Isomalt, geschmolzen
- 3-4 Teelöffel Instantkaffee
- 2 Esslöffel Schokoladensirup
- Geraspelte Schokolade

AUSRÜSTUNG:
- 1 Satz Silikonformen

ANWEISUNGEN:
- ☑ Schieben Sie das Isomalt mit der Unterseite Ihres Löffels an den Seiten der Form nach oben.
- ☑ Die Bombenformen 5 Minuten lang einfrieren.
- ☑ Ziehen Sie das Silikon von den Formen ab, nachdem Sie sie aus dem Gefrierschrank genommen haben.
- ☑ Fügen Sie zu jeder Isomalt-Bombe Instantkaffee, Schokoladensirup und geraspelte Schokolade hinzu.
- ☑ Erhitzen Sie einen Teller und drücken Sie einen der leeren Isomaltbecher mit der offenen Seite nach unten auf den flachen Teil der Heizplatte.
- ☑ Stellen Sie diesen erwärmten Rand Isomalt gleich auf einen der gefüllten Becher.
- ☑ Dadurch werden die beiden Hälften der Bombe verbunden.

19. Würzige mexikanische Mokka-Bombe

HERSTELLT: 2 Bomben

ZUTATEN:
- ½ Tassen Isomalt, geschmolzen
- 3-4 Teelöffel Instantkaffee
- 1/4 Teelöffel vietnamesischer Cassia-Zimt
- ¼ Tassen Kaffeeweißer in Pulverform
- 1/4 Teelöffel jamaikanisches Piment
- 1/8 Teelöffel Cayennepfeffer
- 2 Esslöffel Puderzucker
- 1 Esslöffel ungesüßtes gemahlenes Schokoladenpulver

AUSRÜSTUNG:
- 1 Satz Silikonformen

ANWEISUNGEN:
- ☑ Schieben Sie das Isomalt mit der Unterseite Ihres Löffels an den Seiten der Form nach oben.
- ☑ Die Bombenformen 5 Minuten lang einfrieren.
- ☑ Ziehen Sie das Silikon von den Formen ab, nachdem Sie sie aus dem Gefrierschrank genommen haben.
- ☑ Fügen Sie zu jeder Isomalt-Bombe Instantkaffee, Milchpulver, Puderzucker, Schokoladenpulver, Zimt, jamaikanischen Piment und Cayennepfeffer hinzu.
- ☑ Erhitzen Sie einen Teller und drücken Sie einen der leeren Isomaltbecher mit der offenen Seite nach unten auf den flachen Teil der Heizplatte.
- ☑ Stellen Sie diesen erwärmten Rand Isomalt gleich auf einen der gefüllten Becher.
- ☑ Dadurch werden die beiden Hälften der Bombe verbunden.

20. Himbeer-Frappuccino-Bombe

HERSTELLT: 2 Bomben

ZUTATEN:
- ½ Tassen Isomalt, geschmolzen
- 3-4 Teelöffel Instantkaffee
- ¼ Tassen Kaffeeweißer in Pulverform
- 2 Esslöffel Himbeersirup
- 3 Esslöffel Schokoladensirup

AUSRÜSTUNG:
- 1 Satz Silikonformen

ANWEISUNGEN:
- ☑ Schieben Sie das Isomalt mit der Unterseite Ihres Löffels an den Seiten der Form nach oben.
- ☑ Die Bombenformen 5 Minuten lang einfrieren. Ziehen Sie das Silikon von den Formen ab, nachdem Sie sie aus dem Gefrierschrank genommen haben.
- ☑ Fügen Sie zu jeder Isomalt-Bombe Instantkaffee, Kaffeeweißerpulver, Himbeersirup und Schokoladensirup hinzu.
- ☑ Erhitzen Sie einen Teller und drücken Sie einen der leeren Isomaltbecher mit der offenen Seite nach unten auf den flachen Teil der Heizplatte.
- ☑ Stellen Sie diesen erwärmten Rand Isomalt gleich auf einen der gefüllten Becher.
- ☑ Dadurch werden die beiden Hälften der Bombe verbunden.

21. Kugelsichere Kaffeebomben

MACHT: 3 Bomben

ZUTATEN:
- 1/3 Tasse Ghee
- 3 Messlöffel Kollagen
- 1,5 Esslöffel Kokosöl oder MCT-Öl, geschmolzen
- 1/4 Teelöffel Zimt
- 1 Teelöffel Kakaopulver

ANWEISUNGEN:
- ☑ Mit der Rückseite eines Löffels sechs halbkugelförmige Formen mit etwa einem Esslöffel geschmolzenem Ghee bestreichen.
- ☑ Die Form etwa 10 Minuten lang einfrieren.
- ☑ Legen Sie die ausgehärteten Schalen nach dem Herausnehmen aus den Formen auf die Kühlplatte. Die Hälfte der Formen sollte mit Kollagen und Zimt gefüllt sein.
- ☑ Tauchen Sie die ungefüllten Halbschalen vorsichtig in das geschmolzene Kokosöl. Legen Sie es mit der Vorderseite nach unten auf eine gefüllte Halbschale und schließen Sie dann die Ränder, indem Sie mit den Fingerspitzen über den gesamten versiegelten Bereich reiben.
- ☑ Stellen Sie es für weitere 5–10 Minuten wieder in den Gefrierschrank.
- ☑ In einer separaten Schüssel das Kakaopulver und das restliche geschmolzene Kokosöl glatt rühren.
- ☑ Einen halben bis einen Teelöffel der Mischung über die Ghee-Kugeln träufeln und mit Meersalz würzen. Bis zur Verwendung wieder in den Gefrierschrank stellen.
- ☑ Mit einer Tasse heißen, frisch gebrühten Kaffee servieren.

22. Instant-Orangen-Cappuccino

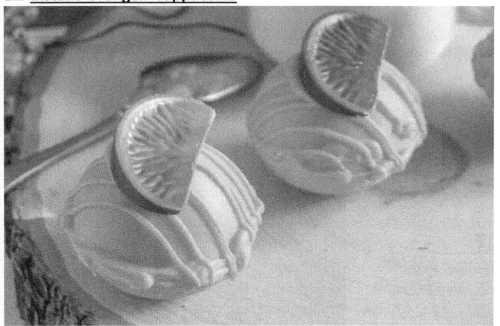

HERSTELLT: 2 Bomben

ZUTATEN:
- ½ Tassen Isomalt, geschmolzen
- 3-4 Teelöffel Instantkaffee
- ¼ Tassen Kaffeeweißer in Pulverform
- 1/3 Tasse Zucker
- 1 oder 2 orangefarbene Hartbonbons (zerkleinert)

AUSRÜSTUNG:
- 1 Satz Silikonformen

ANWEISUNGEN:
- ☑ Schieben Sie das Isomalt mit der Unterseite Ihres Löffels an den Seiten der Form nach oben.
- ☑ Die Bombenformen 5 Minuten lang einfrieren. Ziehen Sie das Silikon von den Formen ab, nachdem Sie sie aus dem Gefrierschrank genommen haben.
- ☑ Fügen Sie zu jeder Isomalt-Bombe Instantkaffee, Milchpulver, Zucker und Orangenbonbons hinzu.
- ☑ Erhitzen Sie einen Teller und drücken Sie einen der leeren Isomaltbecher mit der offenen Seite nach unten auf den flachen Teil der Heizplatte.
- ☑ Stellen Sie diesen erwärmten Rand Isomalt gleich auf einen der gefüllten Becher.
- ☑ Dadurch werden die beiden Hälften der Bombe verbunden.

23. Blumige Teebombe

MACHT: 3 Bomben

ZUTATEN:
- 3 Teebeutel oder loser Tee
- 1/2 Tasse Isomaltkristalle, geschmolzen
- Getrocknete essbare Blumen

AUSRÜSTUNG:
- Halbkugel-Silikonform
- Topf

ANWEISUNGEN:
- ☑ Gießen Sie einen oder zwei Esslöffel geschmolzenes Isomalt auf jede Seite der Kugel und schwenken Sie die Mischung, um die gesamte Oberfläche zu bedecken.
- ☑ 30 Minuten ruhen lassen, damit die Kugeln abkühlen können.
- ☑ Legen Sie einen Teebeutel in eine der Kugeln und fügen Sie dann getrocknete Blumen hinzu.
- ☑ Nehmen Sie die leeren Kugeln vorsichtig heraus und stellen Sie eine kleine Pfanne auf schwache Hitze. Eine der Kanten der Kristalle sollte gerade so weit geschmolzen sein, dass sie als Klebstoff dient.
- ☑ Kombinieren Sie die beiden Teekugeln zu einer Kugel.
- ☑ Mit essbaren Blüten belegen, indem man die Blüte vorsichtig in die Isomalt-Mischung taucht und mit Zuckerhandschuhen an der Oberseite befestigt.

24. Teebombe mit Vanillesirup

MACHT: 3 Bomben

ZUTATEN:
- 1 Tasse pulverisiertes Erythrit
- 1/3 Tasse zuckerfreier Vanillesirup
- 2 Esslöffel Wasser
- Lebensmittelfarbe
- Loser Tee oder Teebeutel

AUSRÜSTUNG:
- Halbmondform aus Silikon

ANWEISUNGEN:
- ☑ In einem mittelgroßen Topf Süßstoffpulver, Sirup und Wasser vermischen. Bei mittlerer bis hoher Hitze erhitzen, bis die Temperatur 300 °F erreicht.
- ☑ Nehmen Sie die Pfanne vom Herd. Bei Bedarf ein paar Tropfen Lebensmittelfarbe hinzufügen.
- ☑ Gießen Sie etwa 1–2 Esslöffel der flüssigen Bonbonmischung in eine der Vertiefungen der Form und verteilen Sie sie mit einem Löffel an den Seiten.
- ☑ Ziehen Sie die Bonbons aus der Silikonform, sobald sie fest geworden sind. Sechs der Halbmonde sollten mit losem Tee oder einem Teebeutel gefüllt werden.
- ☑ Erhitzen Sie eine Pfanne bei mittlerer Hitze, um die beiden Teile miteinander zu verbinden. Ohne Tee in der Pfanne die Ecken eines Halbmonds schmelzen. Geben Sie dann sofort die andere Hälfte auf den Tee, um ihn zu verschließen.

25. Schwarze Chai-Teebomben

HERSTELLT: 2 Bomben

ZUTATEN:
- ¼ Tasse Isomalt, geschmolzen
- 2 schwarze Chai-Teebeutel

ANWEISUNGEN:
- ☑ Gießen Sie etwa ein Viertel des geschmolzenen Isomalts in den kugelförmigen Hohlraum der Form und drücken Sie das Isomalt mit Ihrem Löffel nach oben und um die Ränder der Form herum.
- ☑ Die gefüllten Formen 5 Minuten lang einfrieren, damit sie fest werden.
- ☑ Nehmen Sie die vollen Formen aus dem Gefrierschrank und ziehen Sie die Form vorsichtig von den Isomalt-Halbkugeln ab.
- ☑ Legen Sie einen Teebeutel zwischen zwei Isomalt-Halbkugeln und lassen Sie das Etikett der Teebombe heraushängen.
- ☑ Heizen Sie Ihren Topf bei mittlerer Hitze vor, drehen Sie dann eine leere Isomalt-Halbkugel um und drücken Sie die flache Kante der Isomalt-Form gegen den Boden der Pfanne, bis sie zu schmelzen beginnt.
- ☑ Legen Sie die leicht geschmolzene Isomalt-Hälfte so schnell wie möglich auf eine Isomalt-Halbbombe, die einen Teebeutel enthält.
- ☑ Wenn das Isomalt abkühlt, verschließen sich die beiden Seiten der Teebombe innerhalb von Sekunden.

26. Zuckertee-Bomben

MACHT: 7 Bomben

ZUTATEN:
- 2 Esslöffel Wasser
- 1 Tasse weißer Zucker
- 1/3 Tasse heller Maissirup
- 7 Teebeutel
- Gel-Lebensmittelfarbe
- Glanzstaub oder Trockenblumen

ANWEISUNGEN:
- ☑ In einem Kochtopf Zucker, Wasser und leichten Maissirup vermischen.
- ☑ Zum Kochen bringen.
- ☑ Gel-Lebensmittelfarbe einrühren.
- ☑ Gießen Sie den Zucker in eine Silikonform und verteilen Sie ihn mit der Rückseite eines Löffels. Warten Sie 15–20 Minuten, bis die Mischung vollständig erstarrt ist.
- ☑ Sobald der Zucker fest ist, heben Sie vorsichtig den Boden der Form an, um den Kreis zu lösen, und nehmen Sie vorsichtig die Hälfte der Stücke aus der Form, wobei Sie die Hälfte der Zuckerkreise an Ort und Stelle belassen.
- ☑ Legen Sie Teebeutel, Blumen und/oder Glanzstaub in die Halbkreise, die Sie in der Form gelassen haben.
- ☑ Ziehen Sie den Teebeutelfaden aus der Form.
- ☑ Heizen Sie den Herd unter der Pfanne einige Sekunden lang auf niedriger Stufe vor.
- ☑ Glätten Sie die Hälfte der runden Form in der Pfanne und erhitzen Sie den Rand.
- ☑ Legen Sie den Zuckerkreis wieder darauf und verschließen Sie beide Seiten sorgfältig
- ☑ Legen Sie sie beiseite und lassen Sie sie weitere 5–10 Minuten ruhen.
- ☑ Nehmen Sie die Teebomben vorsichtig aus der Form, indem Sie leicht auf die Unterseite drücken, die Bombe oben halten und herausnehmen.

27. Hagebutten-Grüntee-Bombe

MACHT: 7 Bomben

ZUTATEN:

- 2 Esslöffel Wasser
- 1 Tasse weißer Zucker
- 1 Zitrone, ausgepresst, Kerne entfernt
- Gel-Lebensmittelfarbe
- Teebeutel
- 1/3 Tasse heller Maissirup
- 2 Esslöffel Bio-Hagebutten
- 1-2 Prisen Cayennepfeffer

ANWEISUNGEN:

- ☑ In einem Herdtopf Zucker, Wasser, Zitronensaft und leichten Maissirup vermischen.
- ☑ Zum Kochen bringen.
- ☑ Gel-Lebensmittelfarbe einrühren.
- ☑ Gießen Sie den Zucker in eine Silikonform und verteilen Sie ihn mit der Rückseite eines Löffels. Warten Sie 15–20 Minuten, bis die Mischung vollständig erstarrt ist.
- ☑ Sobald der Zucker fest ist, heben Sie vorsichtig den Boden der Form an, um den Kreis zu lösen, und nehmen Sie vorsichtig die Hälfte der Stücke aus der Form, wobei Sie die Hälfte der Zuckerkreise an Ort und Stelle belassen.
- ☑ Legen Sie Teebeutel, Hagebutten und Cayennepfeffer in die Halbkreise, die Sie in der Form gelassen haben.
- ☑ Heizen Sie den Herd unter der Pfanne einige Sekunden lang auf niedriger Stufe vor.
- ☑ Glätten Sie die Hälfte der runden Form in der Pfanne und erhitzen Sie den Rand.
- ☑ Legen Sie den Zuckerkreis wieder darauf und verschließen Sie beide Seiten sorgfältig
- ☑ Legen Sie sie beiseite und lassen Sie sie weitere 5–10 Minuten ruhen.
- ☑ Nehmen Sie die Teebomben vorsichtig aus der Form, indem Sie leicht auf die Unterseite drücken, die Bombe oben halten und herausnehmen.

28. Kokos-Chai-Spritzer-Bombe

HERSTELLT: 2 Bomben

ZUTATEN:
- ¼ Tasse Isomalt, geschmolzen
- ¼ Tasse Kokos-Chia-Tee
- 2 Tropfen Stevia

ANWEISUNGEN:
- ☑ Gießen Sie etwa ein Viertel des geschmolzenen Isomalts in den kugelförmigen Hohlraum der Form und drücken Sie das Isomalt mit Ihrem Löffel nach oben und um die Ränder der Form herum.
- ☑ Die gefüllten Formen 5 Minuten lang einfrieren, damit sie fest werden.
- ☑ Nehmen Sie die vollen Formen aus dem Gefrierschrank und ziehen Sie die Form vorsichtig von den Isomalt-Halbkugeln ab.
- ☑ Gießen Sie den Chia-Tee zusammen mit 1 Tropfen Stevia in die Form.
- ☑ Heizen Sie Ihren Topf bei mittlerer Hitze vor, drehen Sie dann eine leere Isomalt-Halbkugel um und drücken Sie die flache Kante der Isomalt-Form gegen den Boden der Pfanne, bis sie zu schmelzen beginnt.
- ☑ Die etwas geschmolzene Isomalt-Hälfte gleich auf die mit Chia-Tee gefüllte Isomalt-Halbbombe legen. Wenn das Isomalt abkühlt, verschließen sich die beiden Seiten der Teebombe innerhalb von Sekunden.
- ☑ Servieren Sie die Bombe mit einem Glas Mineralwasser.

29. Rezept für irische Crème-Kaffeebomben

MACHT: 3 Bomben

ZUTATEN:

- 1 ½ Tassen weiße Schokoladenstückchen, geschmolzen
- 1 Esslöffel brauner Zucker
- 6 Esslöffel Vanille-Kaffeeweißerpulver
- 3 Esslöffel Whisky
- 36 Unzen gebrühter Kaffee

ANWEISUNGEN:

- ☑ Verteilen Sie die geschmolzene Schokolade mit einem Löffel in der Mulde der Kugel-Silikonform.
- ☑ Frieren Sie die Form 15 Minuten lang ein, bevor Sie sie verwenden.
- ☑ Nehmen Sie die Formen aus dem Gefrierschrank, nehmen Sie jede Halbkugel vorsichtig aus der Form und legen Sie sie auf den gefrorenen Teller.
- ☑ In drei Kugeln braunen Zucker, Kaffeesahne und Whiskey vermischen.
- ☑ Die Ränder der restlichen drei Abschnitte leicht schmelzen oder erhitzen und zu einem Kreis zusammendrücken. Um die Naht zu fixieren, können Sie mehr geschmolzene Schokolade verwenden und den Rand nach unten spritzen.
- ☑ Bis zum Servieren im Kühlschrank aufbewahren oder in einem luftdichten Behälter auf der Theke aufbewahren.
- ☑ Zum Servieren die Bombe in eine Tasse geben und mit heißem Kaffee aufgießen. Während die Schokolade schmilzt, umrühren, um alles zu vermischen.

30. Früchtetee-Bombe

Ergibt: 1 Bombe

ZUTATEN:
- 1 Tasse pulverisiertes Erythrit
- 2 Esslöffel Wasser
- 2 Esslöffel Lipton Instant-Tee
- Frische Minze
- ¼ Tasse Zitronensaft
- 1/3 Tasse zuckerfreier Vanillesirup
- ¼ Tasse weißer Traubensaft
- ⅔ Tasse Zucker

ANWEISUNGEN:
- ☑ In einem mittelgroßen Topf Süßstoffpulver, Sirup und Wasser vermischen. Erhitzen, bis die Temperatur 300 °F erreicht.
- ☑ Gießen Sie etwa 1–2 Esslöffel der flüssigen Bonbonmischung in eine der Vertiefungen der Form und verteilen Sie sie mit einem Löffel an den Seiten.
- ☑ Ziehen Sie die Bonbons aus der Silikonform, sobald sie fest geworden sind.
- ☑ Sechs der Halbmonde sollten mit losem Tee oder einem Teebeutel gefüllt werden.
- ☑ Erhitzen Sie eine Pfanne bei mittlerer Hitze, um die beiden Teile miteinander zu verbinden. Ohne Tee in der Pfanne die Ecken eines Halbmonds schmelzen. Geben Sie dann sofort die andere Hälfte auf den Tee, um ihn zu verschließen.

31. Earl Grey Teebomben

Macht: 2

ZUTATEN:
- 1/2 Tasse Isomalt
- 2 einzelne Earl-Grey-Teebeutel
- 2 Esslöffel getrocknete Lavendelblüten

ANWEISUNGEN:
MACHEN SIE DIE TEEBOMBE
- ☑ Isomalt in einen hitzebeständigen Messbecher geben. Gemäß den Anweisungen auf der Packung in der Mikrowelle erhitzen, bis es vollständig geschmolzen ist.
- ☑ Geben Sie etwa ¼ des geschmolzenen Isomalts in einen kugelförmigen Hohlraum der Form und drücken Sie das Isomalt mit Ihrem Löffel nach oben und um die Ränder der Form herum. Wiederholen Sie den Vorgang mit 3 weiteren Formen.
- ☑ Die gefüllten Formen zum Aushärten für 5 Minuten in den Gefrierschrank stellen.
- ☑ Nehmen Sie die gefüllten Formen aus dem Gefrierschrank und lösen Sie die Form vorsichtig von den Isomalt-Halbkugeln.
- ☑ Legen Sie einen Teebeutel in zwei der Isomalt-Halbkugeln und lassen Sie das Etikett der Teebombe heraushängen.
- ☑ Geben Sie jeweils 1 Esslöffel der Lavendelblüten in die Teebombenhälften mit den Teebeuteln.
- ☑ Erhitzen Sie einen Teller in der Mikrowelle, bis er sich heiß anfühlt, drehen Sie eine leere Isomalt-Halbkugel um und reiben Sie die flache Kante der Isomalt-Form auf den Boden des Tellers, bis sie gerade zu schmelzen beginnt.
- ☑ Legen Sie die leicht geschmolzene Isomalt-Hälfte sofort auf eine Isomalt-Halbbombe mit einem Teebeutel darin. Die beiden Seiten der Teebombe verschließen sich in wenigen Augenblicken, wenn das Isomalt abkühlt.
- ☑ Wenn Sie bereit sind, Ihren Tee zu trinken, legen Sie einfach die Teebombe in Ihre Tasse und gießen Sie heißes Wasser darüber. Die Teebombe schmilzt und der Teebeutel wird ziehen. Isomalt

ist nicht übermäßig süß, daher können Sie etwas Süßungsmittel hinzufügen, wenn Sie eine süße Tasse Tee bevorzugen.

UM EINEN LONDON-NEBEL ZU MACHEN

- ☑ Legen Sie Ihre Teebombe in eine Tasse.
- ☑ Gießen Sie 6 Unzen Wasser darüber, um die Bombe zu schmelzen und mit dem Ziehen Ihres Tees zu beginnen.
- ☑ Erwärmen Sie ¼ Tasse Milch und Schaum, falls gewünscht.
- ☑ Wenn Sie einen süßeren Tee bevorzugen, können Sie der warmen Milch etwas Zucker hinzufügen.
- ☑ Gießen Sie die warme Milch hinein, um Ihre Tasse zu füllen.

32. Zuckerfreie Teebomben

Macht: 2

ZUTATEN:
- 1 Tasse zuckerfreies Süßungsmittel nach Wahl
- 1/3 Tasse zuckerfreier Sirup
- 2 Esslöffel Wasser
- Lebensmittelfarbe
- loser Tee oder Teebeutel nach Wahl
- Halbmondformen aus Silikon

ANWEISUNGEN:
- ☑ In einen mittelgroßen Topf Süßstoff, Sirup und Wasser geben. Bei mittlerer bis hoher Hitze erhitzen, bis ein Zuckerthermometer 300 °F erreicht (ca. 5 Minuten nach dem Kochen).
- ☑ Vom Herd nehmen. Bei Verwendung Lebensmittelfarbe hinzufügen.
- ☑ Geben Sie zügig etwa 1-2 Esslöffel in eine Mulde der Form und löffeln Sie sie entlang der Ränder nach oben. Drücken Sie die Flüssigkeit weiter nach oben, bis sie aushärtet. Ein Pinsel funktioniert auch gut. Arbeiten Sie mit 2 Kavitäten gleichzeitig. Wiederholen Sie den Vorgang mit den restlichen Formen.
- ☑ Nach dem Aushärten aus der Form lösen. Zu sechs der Halbmonde Tee oder einen Teebeutel hinzufügen.
- ☑ Eine Pfanne bei mittlerer Hitze erhitzen. Zu den sechs Halbmonden ohne Tee die Ränder in der Pfanne schmelzen. Anschließend schnell auf die andere Hälfte mit dem Tee legen und verschließen. Wiederholen Sie dies mit den restlichen Kugeln.
- ☑ Geben Sie die Teebombe zur Verwendung in eine große Tasse. Gießen Sie langsam heißes Wasser über die Teebombe und beobachten Sie, wie sie aus den Teeblättern explodiert.

33. Farbige heiße Teebomben

Macht: 2

ZUTATEN:
- Isomaltkristalle
- Gel-Lebensmittelfarbe
- Tee nach Wahl
- Getrocknete essbare Blumen, Kräuter oder Zuckerwürfel
- 1 kleiner Topf
- 1 halbkugelförmige Silikonform mit großem Hohlraum

ANWEISUNGEN:
- ☑ Geben Sie die Isomaltkristalle bei mittlerer bis hoher Hitze in einen kleinen Topf.
- ☑ Kristalle schmelzen lassen. Schütteln Sie bei Bedarf die Pfanne, um das Schmelzen zu erleichtern. NICHT RÜHREN.
- ☑ Wenn alle Kristalle geschmolzen sind, löffeln Sie die Mischung schnell in halbkugelförmige Formen. Vermeiden Sie unbedingt den Kontakt mit der Haut. Das wird heiß.
- ☑ Geben Sie in jede Form ein paar Tropfen Gel-Lebensmittelfarbe.
- ☑ Mit einem kleinen Löffel umrühren, um es mit den geschmolzenen Kristallen zu vermischen.
- ☑ Verteilen Sie die Mischung mit der Rückseite des Löffels schnell, sodass sie die gesamte Oberfläche der Form bedeckt. Führen Sie diesen Schritt so schnell wie möglich aus. Es dauert nicht lange, bis die Mischung fest wird.
- ☑ Lassen Sie die Hälften etwa 30 Minuten lang aufgehen, bevor Sie fortfahren.
- ☑ Entfernen Sie die obere Hälfte der Kugel aus der Form, indem Sie sie vorsichtig vom Boden der Form nach oben drücken. Lassen Sie die untere Hälfte zunächst in der Form. Dies erleichtert den Zusammenbau des Globus.
- ☑ Geben Sie den Tee zusammen mit den essbaren Blumen, Zuckerwürfeln oder Kräutern, die Sie verwenden, in die untere Hälfte der Kugel in der Form. Wenn gewünscht, lassen Sie den Teebeutelstrang außerhalb der Form.

☑ Stellen Sie eine kleine Pfanne auf schwache Hitze. Dies wird verwendet, um die Kanten des Globus zu glätten und das Zusammenfügen der beiden Globen zu erleichtern.

☑ Legen Sie den Kugeldeckel einige Sekunden lang auf eine heiße Pfanne, um den Rand zu glätten und zu schmelzen. Fügen Sie schnell die untere Kugel hinzu, die sich noch in der Form befindet.

☑ 5-10 Minuten abkühlen lassen. Nach ein paar Minuten sollten Sie in der Lage sein, die gesamte Kugel aus der Form zu entfernen, indem Sie vorsichtig auf die Form drücken, um die untere Hälfte der Kugel freizugeben.

☑ Wenn Sie fertig sind, geben Sie die Teebombe in einen hitzebeständigen Becher und gießen Sie heißes Wasser darüber. Umrühren und genießen!

34. <u>Kräutertee-Bomben</u>

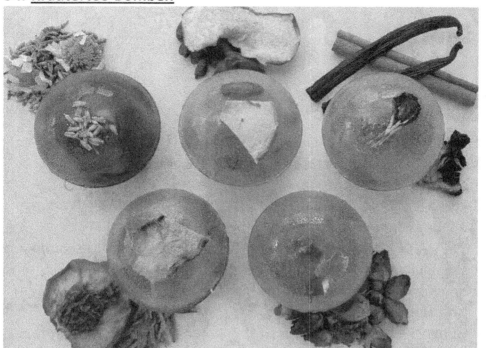

Macht: 2

ZUTATEN:
- 1/3 Tasse Isomaltkristalle
- Gel-Lebensmittelfarbe
- Kräutertee

ANWEISUNGEN:
- ☑ Geben Sie die Isomaltkristalle bei mittlerer bis hoher Hitze in einen kleinen Topf.
- ☑ Kristalle schmelzen lassen. Schütteln Sie bei Bedarf die Pfanne, um das Schmelzen zu erleichtern. NICHT RÜHREN.
- ☑ Wenn alle Kristalle geschmolzen sind, löffeln Sie die Mischung schnell in halbkugelförmige Formen. Vermeiden Sie unbedingt den Kontakt mit der Haut. Dies ist heiß und kann schwere Verbrennungen verursachen.
- ☑ Geben Sie in jede Form ein paar Tropfen Gel-Lebensmittelfarbe.
- ☑ Mit einem kleinen Löffel umrühren, um es mit den geschmolzenen Kristallen zu vermischen.
- ☑ Verteilen Sie die Mischung mit der Rückseite des Löffels schnell, sodass sie die gesamte Oberfläche der Form bedeckt. Führen Sie diesen Schritt so schnell wie möglich aus. Es dauert nicht lange, bis die Mischung fest wird.
- ☑ Lassen Sie die Hälften etwa 30 Minuten lang aufgehen, bevor Sie fortfahren.
- ☑ Entfernen Sie die obere Hälfte der Kugel aus der Form, indem Sie sie vorsichtig vom Boden der Form nach oben drücken. Lassen Sie die untere Hälfte zunächst in der Form. Dies erleichtert den Zusammenbau des Globus.
- ☑ Geben Sie den Tee zusammen mit den essbaren Blumen, Zuckerwürfeln oder Kräutern, die Sie verwenden, in die untere Hälfte der Kugel in der Form. Wenn gewünscht, lassen Sie den Teebeutelstrang außerhalb der Form.
- ☑ Stellen Sie eine kleine Pfanne auf schwache Hitze. Dies wird verwendet, um die Kanten des Globus zu glätten und das Zusammenfügen der beiden Globen zu erleichtern.

- ☑ Legen Sie den Kugeldeckel einige Sekunden lang auf eine heiße Pfanne, um den Rand zu glätten und zu schmelzen. Fügen Sie schnell die untere Kugel hinzu, die sich noch in der Form befindet.
- ☑ 5-10 Minuten abkühlen lassen. Nach ein paar Minuten sollten Sie in der Lage sein, die gesamte Kugel aus der Form zu entfernen, indem Sie vorsichtig auf die Form drücken, um die untere Hälfte der Kugel freizugeben.
- ☑ Wenn Sie fertig sind, geben Sie die Teebombe in einen hitzebeständigen Becher und gießen Sie heißes Wasser darüber. Umrühren und genießen!

35. Cocktailsprudler

Ergibt: 10 Bomben

ZUTATEN:

- 1/2 Tasse Zitronensäure
- 1 Tasse Zucker
- 15 ml Verschiedene Bitterstoffe
- 1 Tasse Backpulver
- 5g Akaziengummi
- Prise Goldglanz
- Wasser

ANWEISUNGEN:

- ☑ Alle Zutaten in eine Schüssel abmessen.
- ☑ Bearbeiten Sie die Mischung mit Ihren Händen, bis eine sandige Konsistenz entsteht.
- ☑ Aus der Mischung Kugeln formen und zum Festwerden in eine Form geben.
- ☑ Aus der Form nehmen und dann in einem luftdichten Behälter im Kühlschrank oder auf der Theke aufbewahren.

36. Kosmopolitische Sprudelbomben

Ergibt: 10 Bomben

ZUTATEN:
- ½ Tasse ultrafeiner reiner Rohrzucker
- ½ Tasse Puderzucker
- 2 Teelöffel Backpulver
- 2 Teelöffel Cranberry-Himbeer-Flüssigkeitsmischung als Wasserverstärker
- 2 Teelöffel essbare Blüten, grob gehackt
- 6 Unzen orangefarbenes Mineralwasser
- ¾ Unzen Wodka mit Limettengeschmack
- ¾ Unzen Wodka mit Cranberry-Geschmack
- Essbare Blüten zum Garnieren

AUSRÜSTUNG
- Kleine Schüssel
- Tablett mit Rand
- 10-Unzen-Coupé-Cocktailglas

ANWEISUNGEN:

- ☑ Ultrafeinen Zucker, Puderzucker und Backpulver in einer kleinen Schüssel vermischen. Rühren Sie die Wasserverstärkerflüssigkeit ein, bis der Zucker nassem Sand ähnelt.
- ☑ Gehackte essbare Blüten unterrühren.
- ☑ Drücken Sie die Mischung in 2 (1 Teelöffel) abgerundete Messlöffel und lassen Sie etwas Überschuss oben auf den Löffeln. Drehen Sie einen Löffel über den anderen.
- ☑ Löffel zusammendrücken und leicht schütteln.
- ☑ Nehmen Sie einen Löffel heraus und drehen Sie die Bombe in Ihre Hand.
- ☑ Entfernen Sie den restlichen Löffel und legen Sie die Bombe auf ein Tablett mit Rand. Wiederholen Sie den Vorgang mit der restlichen Mischung.
- ☑ Vor dem Servieren 4 Stunden trocknen lassen.
- ☑ Abgedeckt bei Raumtemperatur bis zu 2 Tage lagern.
- ☑ Zum Servieren Orangen-Sprudelwasser, Wodka mit Limettengeschmack und Wodka mit Cranberry-Geschmack in einem 10-Unzen-Coupé-Cocktailglas vermischen.
- ☑ Fügen Sie eine getrocknete Bombe hinzu; umrühren, um alles gut zu vermischen.

37. Tequila Sunrise Sprudelbomben

Ergibt: 10 Bomben
ZUTATEN:
- ½ Tasse ultrafeiner reiner Rohrzucker
- ½ Tasse Puderzucker
- 2 Teelöffel Backpulver
- 2 Teelöffel Grenadinesirup
- 2 Teelöffel Over the Top rosaroter Schleifzucker
- 3 Unzen 100 % Orangensaft
- 3 Unzen Limonade
- 1 ½ Unzen Gold-Tequila
- Orangenscheiben zum Garnieren

AUSRÜSTUNG
- Kleine Schüssel
- 2 (1 Teelöffel) Maßnahmen
- Tablett mit Rand
- 10-Unzen-Cocktailglas

ANWEISUNGEN:
- ☑ Ultrafeinen Zucker, Puderzucker und Backpulver in einer kleinen Schüssel vermischen.
- ☑ Grenadine einrühren, bis der Zucker nassem Sand ähnelt. Roten Schleifzucker einrühren.
- ☑ Drücken Sie die Mischung in zwei abgerundete Messlöffel und lassen Sie etwas Überschuss oben auf den Löffeln.
- ☑ Drehen Sie einen Löffel über den anderen.
- ☑ Löffel zusammendrücken und leicht schütteln.
- ☑ Nehmen Sie einen Löffel heraus und drehen Sie die Bombe in Ihre Hand.
- ☑ Entfernen Sie den restlichen Löffel und legen Sie die Bombe auf ein Tablett mit Rand.
- ☑ Vor dem Servieren 4 Stunden trocknen lassen.
- ☑ Abgedeckt bei Raumtemperatur bis zu 2 Tage lagern.
- ☑ Zum Servieren Orangensaft, Limonade und Tequila in einem 10-Unzen-Cocktailglas vermischen.
- ☑ Fügen Sie eine getrocknete Bombe hinzu; umrühren, um alles gut zu vermischen.

38. **Erdbeer-Mimose**

Ergibt: 10 Bomben

ZUTATEN:
- 6 Unzen Orangensaft
- 6 Unzen Erdbeersirup
- 1/2 Tasse Zitronensäure
- Wasser
- 5g Akaziengummi
- 1 Tasse Backpulver
- 1 Tasse Zucker

ANWEISUNGEN:
- ☑ Alle Zutaten in eine Schüssel abmessen.
- ☑ Bearbeiten Sie die Mischung mit Ihren Händen, bis eine sandige Konsistenz entsteht.
- ☑ Aus der Masse Kugeln formen und in eine Form geben.
- ☑ Aus der Form nehmen und dann in einem luftdichten Behälter im Kühlschrank oder auf der Theke aufbewahren.

39. <u>Bloody Mary</u>

Ergibt: 10 Bomben

ZUTATEN:
TROCKENE INHALTSSTOFFE
- 1 Teelöffel gemahlener schwarzer Pfeffer
- 5g Akaziengummi
- 1/2 Tasse Zitronensäure
- 1 Teelöffel Selleriesalz
- 1 Tasse Backpulver
- 1 Tasse Zucker

Nasse Zutaten
- 4 Unzen Tomatensaft oder V-8-Saft
- 4 Unzen Zitronensaft
- 4 Unzen Worcestershire-Sauce
- Tabasco-Sauce nach Geschmack
- Wasser

ANWEISUNGEN:
- ☑ Trockene Zutaten in eine Schüssel abmessen.
- ☑ Mischen Sie die feuchten Zutaten mit den Händen, bis die Mischung eine sandige Konsistenz hat.
- ☑ Aus der Masse Kugeln formen und in eine Form geben.
- ☑ Aus der Form nehmen und dann in einem luftdichten Behälter im Kühlschrank oder auf der Theke aufbewahren.

40. <u>Margarita-Zauberbombe</u>

HERSTELLT: 8 Bomben

ZUTATEN:
- Wasser von guter Qualität
- 1/2 Tasse Zitronensäure
- 1/8 Teelöffel Salz
- Schale einer halben Limette
- 1 Tasse Limettensaft
- 1 Tasse Backpulver
- 1 Tasse Kristallzucker
- 5g Akaziengummi

ANWEISUNGEN:
- ☑ Alle Zutaten in eine Schüssel abmessen.
- ☑ Bearbeiten Sie die Mischung mit Ihren Händen, bis eine sandige Konsistenz entsteht.
- ☑ Aus der Masse Kugeln formen und in eine Form geben.
- ☑ Mit 1/2 Tasse Cointreau- oder Orangensaft und -schale servieren

41. Kokosnuss Mojito

Ergibt: 20 Bomben

ZUTATEN:
- 6 Unzen Minzsirup
- 8 Unzen Limettensaft
- 1 Tasse Backpulver
- 1 Tasse Zucker
- 1/2 Tasse Zitronensäure
- 5g Akaziengummi
- Wasser

ANWEISUNGEN:
- ☑ Alle Zutaten in eine Schüssel abmessen.
- ☑ Bearbeiten Sie die Mischung mit Ihren Händen, bis eine sandige Konsistenz entsteht.
- ☑ Aus der Masse Kugeln formen und in eine Form geben.
- ☑ Aus der Form nehmen und dann in einem luftdichten Behälter im Kühlschrank oder auf der Theke aufbewahren.

42. Piña-Colada-Bombe

Ergibt: 10 Bomben

ZUTATEN:
- 1 Kokoscreme
- ¾ Tasse Ananassaft
- 3 Esslöffel Limettensaft
- 1/2 Tasse Zitronensäure
- 1 Tasse Zucker
- 5g Akaziengummi
- 1/4 Backpulver
- Wasser

ANWEISUNGEN:
- ☑ Alle Zutaten in eine Schüssel abmessen.
- ☑ Bearbeiten Sie die Mischung mit Ihren Händen, bis eine sandige Konsistenz entsteht.
- ☑ Aus der Masse Kugeln formen und in eine Form geben.

43. Ananas-Guave

Ergibt: 10 Bomben

ZUTATEN:
- 4 Unzen Guavensaft
- 4 Unzen Coconut LaCroix
- 4 Unzen Ananassaft
- Saft aus 2 Limetten
- 1/2 Tasse Zitronensäure
- 1 Tasse Backpulver
- 1 Tasse Zucker
- 5g Akaziengummi
- Wasser

ANWEISUNGEN:
- ☑ Alle Zutaten in eine Schüssel abmessen.
- ☑ Bearbeiten Sie die Mischung mit Ihren Händen, bis eine sandige Konsistenz entsteht.
- ☑ Aus der Masse Kugeln formen und in eine Form geben.
- ☑ Mit 3 Unzen Kokosnuss-Wodka servieren.

44. Kohlensäurehaltige, würzige Bierbombe

Ergibt: 4 Bomben

ZUTATEN:
- 1 1/2 Teelöffel geräuchertes Paprikapulver
- 1 Teelöffel Worcestershire-Sauce
- 3 Esslöffel Chilipulver
- 1/2 Teelöffel Mesquite-Limetten-Meersalz
- 2 Teelöffel Zitronensäure, lebensmittelecht
- 1 Teelöffel scharfe Soße

ANWEISUNGEN:
- ☑ Paprika, Chilipulver, Limetten-Meersalz und Zitronensäure in einer Rührschüssel vermischen.
- ☑ Fügen Sie ein oder zwei Spritzer Worcestershire-Sauce und scharfe Sauce hinzu und vermischen Sie alles.
- ☑ Geben Sie 1 1/2 bis 2 Esslöffel der Mischung in eine Silikonform. Fest andrücken.
- ☑ Die Bier-Sprudelbomben abgedeckt 4–6 Stunden einfrieren.
- ☑ Mit einem Glas Bier servieren.

45. Bellini Rouge

Ergibt: 10 Bomben

ZUTATEN:
- 5 Unzen Pfirsichpüree
- 1/2 Tasse Zitronensäure
- 5 Unzen einfacher Sirup
- Wasser
- 1 Tasse Backpulver
- 1 Tasse Zucker
- 5g Akaziengummi

ANWEISUNGEN:
- ☑ Alle Zutaten in eine Schüssel abmessen.
- ☑ Bearbeiten Sie die Mischung mit Ihren Händen, bis eine sandige Konsistenz entsteht.
- ☑ Aus der Masse Kugeln formen und in eine Form geben.

46. Lavendel-Lush-Bombe

Ergibt: 10 Bomben

ZUTATEN:
FÜR INGWER-LAVENDEL-SIRUP:
- 1 Tasse weißer Zucker
- ½ Tasse Wasser
- 4 Unzen frischer Ingwer, sauber geschrubbt
- 2 Teelöffel getrockneter essbarer Lavendel, zerstoßen

FÜR LAVENDEL LUSH BOMB:
- 1 Tasse Backpulver
- 1 Tasse Zucker
- 1/2 Tasse Zitronensäure
- 5g Akaziengummi

RICHTUNGEN
FÜR INGWER-LAVENDEL-SIRUP:
- ☑ Die Zutaten für Ingwer- und Lavendelsirup in einen kleinen Topf geben und zum Kochen bringen.
- ☑ 10 Minuten köcheln lassen.
- ☑ Das Ingwermark sieben und wegwerfen.

FÜR LAVENDEL LUSH BOMB:
- ☑ Zucker, Zitronensäure und Backpulver in einer Schüssel vermischen.
- ☑ Akaziengummi und Lavendelsirup hinzufügen.
- ☑ Bearbeiten Sie die Mischung mit Ihren Händen, bis eine sandige Konsistenz entsteht.
- ☑ Aus der Masse Kugeln formen und in eine Form geben.
- ☑ Servieren Sie die Bombe in gekühltem Wodka, Eistee oder Wasser.

47. <u>Kater-Kohlebombe</u>

Ergibt: 10 Bomben

ZUTATEN:
- 6 Unzen frischer Orangensaft
- 1/4 Tasse Ahornsirup
- 6 Unzen frischer Zitronensaft
- Wasser
- 1 Teelöffel frisch geriebener Ingwer
- 1 Teelöffel Aktivkohle
- 1/2 Tasse Zitronensäure
- 1 Tasse Backpulver
- 1 Tasse Zucker
- 5g Akaziengummi

ANWEISUNGEN:
- ☑ Alles mit den Händen vermischen, bis die Mischung eine sandige Konsistenz hat.
- ☑ Aus der Masse Kugeln formen und in eine Form geben.

48. Limoncello-Sprudel

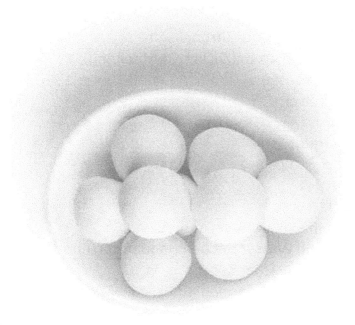

Ergibt: 10 Bomben

ZUTATEN:

- 8 Unzen frisch gepresster Zitronensaft
- 6 Unzen Oleo Saccharum (Zucker-Öl-Mischung)
- 1/2 Tasse Zitronensäure
- 1 Tasse Backpulver
- 1 Tasse Zucker
- 5g Akaziengummi
- Wasser

ANWEISUNGEN:

- ☑ Alle Zutaten in eine Schüssel abmessen.
- ☑ Mit ausreichend Wasser mit den Händen verrühren, bis die Mischung sandähnlicher Konsistenz ist.
- ☑ Aus der Masse Kugeln formen und in eine Form geben.
- ☑ Dazu passt Gin oder Wodka.

49. Altmodisch

Ergibt: 10 Bomben

ZUTATEN:
- 2 Unzen Gerstentee
- 1/2 Tasse Wasser
- 1/2 Tasse Zitronensäure
- Saft von 1 Orange
- 10 Unzen Angosturabitter
- 1 Tasse Backpulver
- 1 Tasse Zucker
- 5g Akaziengummi
- Prise Goldglanz

RICHTUNGEN
FÜR DEN TEE:
- ☑ Gießen Sie das Wasser in einen Krug.
- ☑ Den Teebeutel hinzufügen.
- ☑ 2 Stunden im Kühlschrank lagern, dann den Teebeutel entsorgen.

FÜR DIE BOMBE:
- ☑ Die trockenen Zutaten in einer Schüssel vermischen; Zitronensäure, Backpulver, Zucker, Akaziengummi und Goldglanz.
- ☑ Geben Sie die Bitterstoffe, den Orangensaft und den Tee hinzu und verarbeiten Sie die Mischung dann mit den Händen, bis eine sandähnliche Konsistenz entsteht.
- ☑ Aus der Masse Kugeln formen und in eine Form geben.

50. Kaugummibombe

Ergibt: 10 Bomben

ZUTATEN:
- Für den Kaugummisirup:
- 2 Tassen Wasser
- 1 Tasse Kristallzucker
- 12 Stück Kaugummi

FÜR DIE BOMBE:
- 1/2 Tasse Zitronensäure
- 5g Akaziengummi
- 1 Tasse Backpulver

RICHTUNGEN

FÜR DEN BUBBLEGUM-SIRUP:
- ☑ In einem mittelgroßen Topf Zucker und Wasser vermischen und zum Kochen bringen.
- ☑ Reduzieren Sie die Hitze auf köcheln und rühren Sie den Kaugummi ein.
- ☑ 10 Minuten köcheln lassen oder bis es anfängt einzudicken.
- ☑ Vom Herd nehmen und den Sirup abseihen. Zum vollständigen Abkühlen in den Kühlschrank stellen.

FÜR DIE BUBBLEGUM-BOMBE:
- ☑ Die trockenen Zutaten in einer Schüssel vermischen; Zitronensäure, Backpulver und Akaziengummi.
- ☑ Fügen Sie den Kaugummisirup hinzu und verarbeiten Sie die Mischung mit Ihren Händen.
- ☑ Aus der Masse Kugeln formen und in eine Form geben.

51. <u>Geburtstagskuchen</u>

Ergibt: 10 Bomben

ZUTATEN:

- 16 Unzen Vanille-Creme-Soda
- Wasser
- 1/2 Tasse Zitronensäure
- ¼ Tassen Kaffeeweißer in Pulverform
- 1 Tasse Puderzucker
- 1 Tasse Backpulver
- 5g Akaziengummi
- Rosa Lebensmittelfarbe
- Schlagsahne und Streusel zum Garnieren

ANWEISUNGEN:

- ☑ Alle Zutaten außer der Schlagsahne und den Streuseln in eine Schüssel geben.
- ☑ Bearbeiten Sie die Mischung mit Ihren Händen, bis eine sandige Konsistenz entsteht.
- ☑ Aus der Masse Kugeln formen und in eine Form geben.
- ☑ Mit Schlagsahne und Streuseln dekorieren.

52. Bienenknie

Ergibt: 10 Bomben

ZUTATEN:
- 8 Unzen Zitronensaft, frisch gepresst
- 1/2 Tasse Zitronensäure
- 4 Unzen Honig
- 1 Tasse Backpulver
- 1 Tasse Zucker
- 5g Akaziengummi
- Wasser

ANWEISUNGEN:
- ☑ Alle Zutaten in eine Schüssel abmessen.
- ☑ Bearbeiten Sie die Mischung mit Ihren Händen, bis eine sandige Konsistenz entsteht.
- ☑ Aus der Masse Kugeln formen und in eine Form geben.

53. Beeren-Smash

Ergibt: 10 Bomben

ZUTATEN:
- 4 Unzen frisch gepresster Limettensaft
- 4 Unzen einfacher Stevia-Sirup
- 1/2 Tasse Zitronensäure
- 4 Unzen Himbeersirup
- 4 Unzen Brombeersirup
- 1 Tasse Zucker
- 1 Tasse Backpulver
- 5g Akaziengummi
- Wasser

ANWEISUNGEN:
- ☑ Alle Zutaten in eine Schüssel abmessen.
- ☑ Bearbeiten Sie die Mischung mit Ihren Händen, bis eine sandige Konsistenz entsteht.
- ☑ Aus der Masse Kugeln formen und in eine Form geben.
- ☑ Mit Gin servieren.

54. Erdbeer-Basilikum-Mojito

Ergibt: 10 Bomben

ZUTATEN:
- Saft von 1 Limette
- 4 Unzen Minzsirup
- 1/2 Tasse Zitronensäure
- 4 Unzen Basilikumsirup
- 4 Unzen Erdbeersirup
- 1/4 Tasse einfacher Stevia-Sirup
- 1 Tasse Zucker
- 1 Tasse Backpulver
- 5g Akaziengummi
- Wasser

ANWEISUNGEN:
- ☑ Alle Zutaten in eine Schüssel abmessen.
- ☑ Bearbeiten Sie die Mischung mit Ihren Händen, bis eine sandige Konsistenz entsteht.
- ☑ Aus der Masse Kugeln formen und in eine Form geben.
- ☑ Mit Rum servieren.

55. Grapefruit-Crush

Ergibt: 10 Bomben

ZUTATEN:

- 6 Unzen frisch gepresster Limettensaft
- 5g Akaziengummi
- Wasser
- 3 Unzen einfacher Stevia-Sirup
- 1 Tasse Zucker
- 1/2 Tasse Zitronensäure
- 6 Unzen frisch gepresster Grapefruitsaft
- 1 Tasse Backpulver

ANWEISUNGEN:

- ☑ Alle Zutaten in eine Schüssel abmessen.
- ☑ Bearbeiten Sie die Mischung mit Ihren Händen, bis eine sandige Konsistenz entsteht.
- ☑ Aus der Masse Kugeln formen und in eine Form geben.
- ☑ Mit Tequila servieren.

56. Pfirsiche und Sahnebomben

MACHT: 6 Bomben

ZUTATEN:
PFIRSICHSCHALEN
- 1/2 Tasse rote Bonbonschmelze, geschmolzen
- 2 Tassen Sahne
- 1 Teelöffel Vanille
- 1/2 Tasse rosa Bonbonschmelze, geschmolzen
- 2 Tassen gelbe Candy Melts, geschmolzen
- Schlagsahne
- 1/2 Tasse Orangenbonbons, geschmolzen
- 1 Tasse Puderzucker

FÜLLUNG
- 2 Esslöffel Butter
- 3 Tassen Pfirsiche, in Scheiben geschnitten
- 1 Vanilleschote
- 1 Schoko-Pfundkuchen, in Scheiben geschnitten

RICHTUNGEN
PFIRSICHSCHALEN:
- ☑ Benutzen Sie rote, orangefarbene und rosafarbene Bonbonschmelze, um die Seiten runder 2-Zoll-Silikonformen zu bestreichen und zu punktieren.
- ☑ Nach zwei Minuten Aushärten die gelben Bonbonschmelzen dazugeben, bis eine Schale entsteht.
- ☑ Lassen Sie die Mischung etwas fester werden, bevor Sie die Formen umdrehen und den Überschuss ausgießen.
- ☑ Für etwa 10 Minuten in den Kühlschrank stellen.

SCHLAGSAHNE:
- ☑ Beginnen Sie mit dem Mischen der Sahne und des Zuckers in der Schüssel einer Küchenmaschine.
- ☑ Schlagen, bis feste Spitzen entstehen.
- ☑ Mit Vanille vermischen.

FÜLLUNG

- ☑ Die Pfirsiche und die Vanilleschote in einer Pfanne bei mittlerer Hitze in Butter anbraten, bis sie weich werden.
- ☑ Lassen Sie es abkühlen und geben Sie dann etwas Pfirsichfüllung in die Schokoladenschalen, füllen Sie sie zu zwei Dritteln mit Schlagsahne und geben Sie dann einen Schoko-Pfundkuchen-„Kern" darauf.
- ☑ 15 Minuten im Gefrierschrank fest werden lassen.
- ☑ Nehmen Sie die Form auseinander.
- ☑ Befestigen Sie die beiden Teile, indem Sie sie zusammendrücken, nachdem Sie außen einen rosa Bonbonschmelzring umspritzt haben.
- ☑ 15 Minuten einwirken lassen.

57. Blaubeerbomben

MACHT: 6 Bomben

ZUTATEN:
Blaubeergelee:
- 1/4 Tasse Wasser
- 1 1/2 Tassen Blaubeeren
- 1/4-Unzen-Päckchen Gelatinepulver
- 1 Esslöffel Honig
- 2 Esslöffel Zucker
- 2 Teelöffel frischer Zitronensaft

Blaubeerschale
- 3 Tassen blaue Schokoladenwaffeln, geschmolzen

SCHLAGSAHNE
- 2 Tassen Sahne
- 1 Tasse Puderzucker
- 1 Teelöffel Vanille

RICHTUNGEN
Blaubeergelee:
- ☑ Streuen Sie das Gelatinepulver über das Wasser und lassen Sie es fünf Minuten lang stehen.
- ☑ Bei mittlerer Hitze Blaubeeren, Honig, Zucker und Zitronensaft in einem Topf zum Kochen bringen.
- ☑ Köcheln lassen, bis sich der Zucker aufgelöst hat.
- ☑ Fügen Sie das Gelatinewasser hinzu und verrühren Sie es etwa 3 Minuten lang oder bis es sich aufgelöst hat.
- ☑ Lassen Sie es etwas abkühlen, bevor Sie es in halbkugelförmige Silikonformen gießen.
- ☑ 1 Stunde kalt stellen.

HEIDELBEERSCHALE:
- ☑ Füllen Sie den Boden und die Seiten von 5 cm großen Silikonformen mit blauen Schokoladenwaffeln.
- ☑ Lassen Sie es eine Weile ruhen und drehen Sie dann die Formen um, um den Überschuss auszugießen.
- ☑ Für etwa 10 Minuten in den Kühlschrank stellen.

SCHLAGSAHNE:

- ☑ Zucker und Sahne verrühren.
- ☑ Nach dem Schlagen der Sahne Vanille unterheben, bis sich steife Spitzen bilden.
- ☑ Legen Sie eine kleine Runde Blaubeergelee auf die Schlagsahne, nachdem Sie die Schokoladenschalen zu zwei Dritteln gefüllt haben.
- ☑ Für eine Stunde in den Gefrierschrank stellen.
- ☑ Nehmen Sie die Form auseinander.
- ☑ Befestigen Sie die beiden Teile, indem Sie sie zusammendrücken, nachdem Sie außen einen Ring aus blauer Schokolade umspritzt haben.
- ☑ Drücken Sie leicht auf die Mitte der Blaubeere, um die Oberseite der Blaubeere zu formen, indem Sie einen kleinen blütenförmigen Ausstecher in etwas geschmolzene blaue Schokolade tauchen.
- ☑ 15 Minuten bei Zimmertemperatur ruhen lassen.

58. Gurken-Minz-Twist

Ergibt: 10 Bomben

ZUTATEN:

- 1/4 Tasse frisch gepresster Zitronensaft
- 1/2 Unze einfacher Stevia-Sirup
- Gurkensirup
- Minzsirup
- 1 Tasse Zucker
- 1/2 Tasse Zitronensäure
- 1 Tasse Backpulver
- 5g Akaziengummi
- Wasser

ANWEISUNGEN:

- ☑ Alle Zutaten in eine Schüssel abmessen.
- ☑ Bearbeiten Sie die Mischung mit Ihren Händen, bis eine sandige Konsistenz entsteht.
- ☑ Aus der Masse Kugeln formen und in eine Form geben.
- ☑ Mit Gin servieren.

59. <u>Zuckerwatte-Glitzerbomben</u>

Ergibt: 1 Bombe

ZUTATEN:
- Zuckerwatte
- Essbarer Glitzer oder Glanzstaub

ANWEISUNGEN:
- ☑ Nehmen Sie eine Handvoll Zuckerwatte und formen Sie in der Mitte eine Vertiefung.
- ☑ Streuen Sie etwas Glanzstaub in die Mitte.
- ☑ Rollen Sie die Zuckerwatte zu einer Kugel und versiegeln Sie dabei den Glanzstaub in der Mitte.
- ☑ Wenn Sie es verwenden möchten, geben Sie es in ein Glas, füllen Sie es mit Ihrem bevorzugten kohlensäurehaltigen Getränk auf und beobachten Sie, wie es sich auflöst.
- ☑ Umrühren und genießen.

60. Koolaid-Bomben

Ergibt: 20 Bomben

ZUTATEN:
- 1/3 Tasse Backpulver
- 1/4 Tasse Maisstärke
- 1/2 Tasse Puderzucker
- 1/4 Tasse Zitronensäure
- 1-2 Päckchen Kool-Aid
- 1-2 Päckchen Pop Rocks
- Wasser
- Sträusel

ANWEISUNGEN:
- ☑ Kombinieren Sie Backpulver, Maisstärke, Puderzucker, Zitronensäure und Kool-Aid in einer Rührschüssel.
- ☑ Mischen Sie mit den Händen das Wasser und trocknen Sie die Zutaten, bis die Mischung sandähnlich ist.
- ☑ Geben Sie ein paar Päckchen Pop Rocks und Streusel hinein.
- ☑ Rollen Sie die Mischung zu Kugeln und legen Sie diese in eine Form.

61. Karamell-Apfelwein-Bomben

MACHT: 3 Bomben

ZUTATEN:
- Gesalzene Karamellbonbons, geschmolzen
- Eine Packung Apfelwein-Getränkemischung

AUSRÜSTUNG:
- XL-Halbkugel-Silikonform

ANWEISUNGEN:
- ☑ Füllen Sie die Silikonformen zur Hälfte mit geschmolzener Schokolade.
- ☑ 10–15 Minuten lang im Kühlschrank lagern oder einfrieren, oder bis sie sich leicht entfernen lassen.
- ☑ Die Schokolade vorsichtig aus der Form lösen.
- ☑ Fügen Sie einer Schokoladenhälfte eine Apfelwein-Getränkemischung hinzu.
- ☑ Erhitzen Sie einen Teller in der Mikrowelle etwa 15 Sekunden lang.
- ☑ Nehmen Sie die andere Schokoladenhälfte, teilen Sie sie in zwei Hälften und legen Sie das offene Ende einige Sekunden lang auf die heiße Platte, um die Schokolade zu schmelzen.
- ☑ Verbinden Sie die beiden Schokoladenhälften und verschließen Sie sie miteinander.
- ☑ Geschmolzene Schokolade darüber träufeln und zum Trocknen beiseite stellen.
- ☑ Legen Sie die Apfelweinbombe auf den Boden eines Bechers und füllen Sie ihn mit 170 ml kochendem Wasser auf.
- ☑ Gut umrühren.

62. <u>Zuckerwatte-Bombe</u>

Ergibt: 10 Bomben

ZUTATEN:
- 800g Zucker
- 240 ml Maissirup
- 240 ml Wasser
- ¼ Teelöffel Salz
- 1 Teelöffel Himbeerextrakt
- 2 Tropfen Lebensmittelfarbe
- Glanzstaub

ANWEISUNGEN:
- ☑ Zucker, Maissirup, Wasser und Salz in einem großen, schweren Topf bei mittlerer Hitze vermischen.
- ☑ Rühren Sie den Zucker um, bis er schmilzt.
- ☑ Übertragen Sie die Flüssigkeit in einen hitzebeständigen Behälter.
- ☑ Nach Zugabe des Extrakts und der Lebensmittelfarbe gut umrühren.
- ☑ Schwingen Sie den Schneebesen hin und her, während Sie ihn über das Pergament halten, sodass kleine Zuckerstränge auf das Papier fallen. Lassen Sie es abkühlen.
- ☑ Nehmen Sie ein Bündel Zuckerwatte und streuen Sie etwas Glanzstaub in die Mitte.
- ☑ Aus dem Bonbon eine Kugel formen und den Glanzstaub in die Mitte drücken.

63. **Azaleenbombe**

Ergibt: 10 Bomben

ZUTATEN:
- 3/4 Unze Limettensaft
- 3/4 Unze Ananassaft
- 4 Spritzer Grenadine
- 1/2 Tasse Zitronensäure
- 1 Tasse Backpulver
- 5g Akaziengummi
- Wasser

ANWEISUNGEN:
- ☑ Alle Zutaten in eine Schüssel abmessen.
- ☑ Bearbeiten Sie die Mischung mit Ihren Händen, bis eine sandige Konsistenz entsteht.
- ☑ Aus der Masse Kugeln formen und in eine Form geben.

64. <u>Mango-Batida-Bombe</u>

Ergibt: 10 Bomben

ZUTATEN:
- 1/4 Tasse Orangensaft
- 2 1/4 Unzen Mangosaft
- 1/2 Tasse Zitronensäure
- 1 Tasse Backpulver
- 1 Tasse Zucker
- 5g Akaziengummi
- Prise Goldglanz
- Wasser

ANWEISUNGEN:
- ☑ Alle Zutaten in eine Schüssel abmessen.
- ☑ Bearbeiten Sie die Mischung mit Ihren Händen, bis eine sandige Konsistenz entsteht.
- ☑ Aus der Mischung Kugeln formen und zum Festwerden in eine Form geben.
- ☑ Aus der Form nehmen und dann in einem luftdichten Behälter im Kühlschrank oder auf der Theke aufbewahren.

65. Gefrostete Cranberry-Bombe

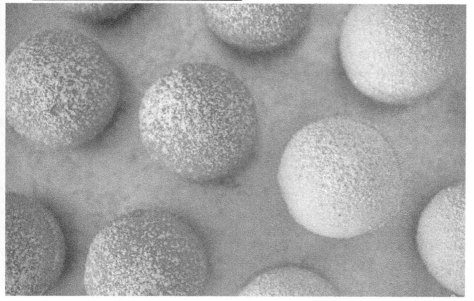

Ergibt: 10 Bomben

ZUTATEN:
- 3/4 Tasse Cranberrysaft
- Gezuckerte Cranberries, zerdrückt
- Wasser
- 1/2 Tasse Zitronensäure
- 1 Tasse Backpulver
- 1 Tasse Zucker
- 5g Akaziengummi
- Prise Goldglanz

ANWEISUNGEN:
- ☑ Alle Zutaten in eine Schüssel abmessen.
- ☑ Bearbeiten Sie die Mischung mit Ihren Händen, bis eine sandige Konsistenz entsteht.
- ☑ Aus der Mischung Kugeln formen und zum Festwerden in eine Form geben.
- ☑ Aus der Form nehmen und dann in einem luftdichten Behälter im Kühlschrank oder auf der Theke aufbewahren.

66. <u>Blaue Himbeerbombe</u>

Ergibt: 10 Bomben

ZUTATEN:
- 2 Unzen Limonadenpulver
- Wasser
- 2 Unzen Himbeersirup
- 1/2 Tasse Zitronensäure
- 1 Tasse Backpulver
- 1 Tasse Zucker
- 5g Akaziengummi
- Prise Goldglanz

ANWEISUNGEN:
- ☑ In einer großen Bowle Limonadenpulver und Wasser verrühren, bis sich das Limonadenpulver auflöst. Die anderen Zutaten hinzufügen.
- ☑ Bearbeiten Sie die Mischung mit Ihren Händen, bis eine sandige Konsistenz entsteht.
- ☑ Aus der Mischung Kugeln formen und zum Festwerden in eine Form geben.
- ☑ Aus der Form nehmen und dann in einem luftdichten Behälter im Kühlschrank oder auf der Theke aufbewahren.

67. <u>Himbeer-Orangen-Bombe</u>

Ergibt: 10 Bomben

ZUTATEN:
- 1/4 Tasse Himbeersirup
- Saft von 1 Limette
- Saft von 1 mittelgroßen Orange
- 1/2 Tasse Zitronensäure
- 1 Tasse Backpulver
- Wasser
- 1 Tasse Zucker
- 5g Akaziengummi

ANWEISUNGEN:
- ☑ Alle Zutaten in eine Schüssel abmessen.
- ☑ Bearbeiten Sie die Mischung mit Ihren Händen, bis eine sandige Konsistenz entsteht.
- ☑ Aus der Mischung Kugeln formen und zum Festwerden in eine Form geben.
- ☑ Aus der Form nehmen und dann in einem luftdichten Behälter im Kühlschrank oder auf der Theke aufbewahren.

68. <u>Zitronenbombe</u>

Ergibt: 10 Bomben

ZUTATEN:
FÜR DEN ZITRONENZUCKER
- Schale von 1 Zitrone
- 1/2 Tasse Kristallzucker

FÜR DIE BOMBE
- 1 ½ Esslöffel einfacher Sirup
- Wasser
- 1 Tasse Backpulver
- Saft einer halben großen Zitrone
- 1 Tasse Zucker
- 1/2 Tasse Zitronensäure
- 5g Akaziengummi

ANWEISUNGEN:
- ☑ Geben Sie den Zucker auf einen Teller und reiben Sie die Schale mit den Fingern in den Zucker, bis er duftet und gelb wird.
- ☑ Alle Zutaten in eine Schüssel geben.
- ☑ Bearbeiten Sie die Mischung mit Ihren Händen, bis eine sandige Konsistenz entsteht.
- ☑ Aus der Mischung Kugeln formen und zum Festwerden in eine Form geben.
- ☑ Aus der Form nehmen und dann in einem luftdichten Behälter im Kühlschrank oder auf der Theke aufbewahren.

69. Cosmo-Bombe

Ergibt: 10 Bomben

ZUTATEN:
- 10 ml Cranberrysaft mit reduziertem Zuckergehalt
- 1/2 Tasse Zitronensäure
- 5 ml Orangensaft
- Wasser
- 5 ml frisch gepresster Limettensaft
- 1 Tasse Backpulver
- 1 Tasse Zucker
- 5g Akaziengummi

ANWEISUNGEN:
- ☑ Alle Zutaten in eine Schüssel abmessen.
- ☑ Bearbeiten Sie die Mischung mit Ihren Händen, bis eine sandige Konsistenz entsteht.
- ☑ Aus der Mischung Kugeln formen und zum Festwerden in eine Form geben.
- ☑ Aus der Form nehmen und dann in einem luftdichten Behälter im Kühlschrank oder auf der Theke aufbewahren.

70. Peacharita-Bombe

Ergibt: 10 Bomben

ZUTATEN:
- ½ Unze Agavensirup
- 1–2 Unzen frisches Pfirsichpüree
- Wasser
- 1 Tasse Backpulver
- ¾ Unze frisch gepresster Limettensaft
- 5g Akaziengummi
- 1/2 Tasse Zitronensäure
- 1 Tasse Zucker

ANWEISUNGEN:
- ☑ Alle Zutaten in eine Schüssel abmessen.
- ☑ Bearbeiten Sie die Mischung mit Ihren Händen, bis eine sandige Konsistenz entsteht.
- ☑ Aus der Mischung Kugeln formen und zum Festwerden in eine Form geben.
- ☑ Aus der Form nehmen und dann in einem luftdichten Behälter im Kühlschrank oder auf der Theke aufbewahren.

71. Passion Hurricane-Bombe

Ergibt: 10 Bomben

ZUTATEN:
- 2 Tassen Passionsfruchtsaft
- Wasser
- 3/4 Tasse Limettensaft
- 3 Esslöffel Grenadine
- 1/2 Tasse Zitronensäure
- 1 Tasse plus 2 Esslöffel Zucker
- 1 Tasse Backpulver
- 5g Akaziengummi

ANWEISUNGEN:
- ☑ Alle Zutaten in eine Schüssel abmessen.
- ☑ Bearbeiten Sie die Mischung mit Ihren Händen, bis eine sandige Konsistenz entsteht.
- ☑ Aus der Mischung Kugeln formen und zum Festwerden in eine Form geben.
- ☑ Aus der Form nehmen und dann in einem luftdichten Behälter im Kühlschrank oder auf der Theke aufbewahren.

72. Michelada-Bombe

Ergibt: 10 Bomben

ZUTATEN:
- 6 Spritzer scharfe Soße
- 3 Spritzer Sojasauce
- 1-3 Spritzer Worcestershire-Sauce
- ¼-⅓ Tasse Limettensaft
- 1/2 Tasse Zitronensäure
- 1 Tasse Backpulver
- 1 Tasse Zucker
- 5g Akaziengummi

ANWEISUNGEN:
- ☑ Alle Zutaten in eine Schüssel abmessen.
- ☑ Bearbeiten Sie die Mischung mit Ihren Händen, bis eine sandige Konsistenz entsteht.
- ☑ Aus der Mischung Kugeln formen und zum Festwerden in eine Form geben.
- ☑ Aus der Form nehmen und dann in einem luftdichten Behälter im Kühlschrank oder auf der Theke aufbewahren.

73. Zombie-Cocktail-Bombe

Ergibt: 10 Bomben

ZUTATEN:
- 1/2 Tasse Zitronensäure
- 2 Unzen Papayasaft
- 2 Unzen Limettensaft
- Wasser
- 2 Unzen Ananassaft
- 1 Tasse Backpulver
- 1 Tasse Superfeiner Zucker
- 5g Akaziengummi

ANWEISUNGEN:
- ☑ Alle Zutaten in eine Schüssel abmessen.
- ☑ Bearbeiten Sie die Mischung mit Ihren Händen, bis eine sandige Konsistenz entsteht.
- ☑ Aus der Mischung Kugeln formen und zum Festwerden in eine Form geben.
- ☑ Aus der Form nehmen und dann in einem luftdichten Behälter im Kühlschrank oder auf der Theke aufbewahren.

74. Sazerac-Bombe

Ergibt: 10 Bomben

ZUTATEN:
- 2 Spritzer Angosturabitter
- 3 Spritzer Peychauds Bitter
- 1/2 Tasse Zitronensäure
- 5g Akaziengummi
- 1 Tasse Backpulver
- Wasser
- 1 Tasse Superfeiner Zucker

ANWEISUNGEN:
- ☑ Alle Zutaten in eine Schüssel abmessen.
- ☑ Bearbeiten Sie die Mischung mit Ihren Händen, bis eine sandige Konsistenz entsteht.
- ☑ Aus der Mischung Kugeln formen und zum Festwerden in eine Form geben.
- ☑ Aus der Form nehmen und dann in einem luftdichten Behälter im Kühlschrank oder auf der Theke aufbewahren.

75. <u>Mango Mule</u>

Ergibt: 10 Bomben

ZUTATEN:
- 6 Unzen Gurkensirup
- 4 Unzen Honigsirup
- 1,5 Unzen Mangopüree
- 1,5 Unzen frischer Limettensaft
- Wasser
- 1/2 Tasse Zitronensäure
- 1 Tasse Backpulver
- 1 Tasse Superfeiner Zucker
- 5g Akaziengummi

ANWEISUNGEN:
- ☑ Gurke und Honigsirup verrühren.
- ☑ Mangopüree und Limettensaft dazugeben und kräftig vermischen.
- ☑ Alle anderen Zutaten hinzufügen.
- ☑ Bearbeiten Sie die Mischung mit Ihren Händen, bis eine sandige Konsistenz entsteht.
- ☑ Aus der Mischung Kugeln formen und zum Festwerden in eine Form geben.
- ☑ Aus der Form nehmen und dann in einem luftdichten Behälter im Kühlschrank oder auf der Theke aufbewahren.

76. Zitrussprudel

Ergibt: 10 Bomben

ZUTATEN:
- 1,75 Unzen Seedlip Grove 42
- 0,75 Unzen Bio-Marmelade-Likör
- Wasser
- 1/2 Tasse Zitronensäure
- 1 Tasse Backpulver
- 1 Tasse Superfeiner Zucker
- 5g Akaziengummi

ANWEISUNGEN:
- ☑ Alle Zutaten in eine Schüssel abmessen.
- ☑ Bearbeiten Sie die Mischung mit Ihren Händen, bis eine sandige Konsistenz entsteht.
- ☑ Aus der Mischung Kugeln formen und zum Festwerden in eine Form geben.
- ☑ Aus der Form nehmen und dann in einem luftdichten Behälter im Kühlschrank oder auf der Theke aufbewahren.

77. Virgin-Gurkenbombe

Ergibt: 10 Bomben

ZUTATEN:
- 4 Unzen Gurkensirup
- 1 Tasse Backpulver
- 4 Unzen einfacher Sirup
- 1/2 Tasse Zitronensäure
- 1 Tasse Superfeiner Zucker
- 4 Unzen frischer Limettensaft
- Wasser
- 5g Akaziengummi

ANWEISUNGEN:
- ☑ Alle Zutaten in eine Schüssel abmessen.
- ☑ Bearbeiten Sie die Mischung mit Ihren Händen, bis eine sandige Konsistenz entsteht.
- ☑ Aus der Mischung Kugeln formen und zum Festwerden in eine Form geben.
- ☑ Aus der Form nehmen und dann in einem luftdichten Behälter im Kühlschrank oder auf der Theke aufbewahren.

78. Rituelle Apfelbombe

Ergibt: 10 Bomben

ZUTATEN:
- 2 Unzen Apfelwein oder Apfelsaft
- 1/2 Tasse Zitronensäure
- 2 Spritzer Bitter
- Wasser
- Eine Prise Zimtpulver
- 1 Tasse Backpulver
- 1 Tasse Superfeiner Zucker
- 5g Akaziengummi

ANWEISUNGEN:
- ☑ Alle Zutaten in eine Schüssel abmessen.
- ☑ Bearbeiten Sie die Mischung mit Ihren Händen, bis eine sandige Konsistenz entsteht.
- ☑ Aus der Mischung Kugeln formen und zum Festwerden in eine Form geben.
- ☑ Aus der Form nehmen und dann in einem luftdichten Behälter im Kühlschrank oder auf der Theke aufbewahren.

79. <u>Shirley Ginger</u>

Ergibt: 10 Bomben

ZUTATEN:
- 0,25 Tasse Grenadine
- Wasser
- 3 Esslöffel Limettensaft
- 1 Tasse Backpulver
- 3 Esslöffel Ingwersirup
- 5g Akaziengummi
- 1/2 Tasse Zitronensäure
- 1 Tasse Superfeiner Zucker

ANWEISUNGEN:
- ☑ Alle Zutaten in eine Schüssel abmessen.
- ☑ Bearbeiten Sie die Mischung mit Ihren Händen, bis eine sandige Konsistenz entsteht.
- ☑ Aus der Mischung Kugeln formen und zum Festwerden in eine Form geben.
- ☑ Aus der Form nehmen und dann in einem luftdichten Behälter im Kühlschrank oder auf der Theke aufbewahren.
- ☑ Genießen Sie es mit einem Glas Lemon Lime Ginger Beer.

80. Wassermelonen-Margarita

Ergibt: 10 Bomben

ZUTATEN:
- 0,5 Tasse Wassermelonensaft
- 0,5 Tassen frischer Limettensaft
- 4 Teelöffel Agave
- Wasser
- 1/2 Tasse Zitronensäure
- 1 Tasse Backpulver
- 1 Tasse Superfeiner Zucker
- 5g Akaziengummi

ANWEISUNGEN:
- ☑ Alle Zutaten in eine Schüssel abmessen.
- ☑ Bearbeiten Sie die Mischung mit Ihren Händen, bis eine sandige Konsistenz entsteht.
- ☑ Aus der Mischung Kugeln formen und zum Festwerden in eine Form geben.
- ☑ Aus der Form nehmen und dann in einem luftdichten Behälter im Kühlschrank oder auf der Theke aufbewahren.

81. Beeren-Burleske

Ergibt: 10 Bomben

ZUTATEN:
- 4 Unzen Limettensaft
- 4 Unzen Honigsirup
- 4 Unzen Minzsirup
- 2 Unzen schwarzes Johannisbeerpüree
- Wasser
- 1/2 Tasse Zitronensäure
- 1 Tasse Backpulver
- 1 Tasse Superfeiner Zucker
- 5g Akaziengummi

ANWEISUNGEN:
- ☑ Alle Zutaten in eine Schüssel abmessen.
- ☑ Bearbeiten Sie die Mischung mit Ihren Händen, bis eine sandige Konsistenz entsteht.
- ☑ Aus der Mischung Kugeln formen und zum Festwerden in eine Form geben.
- ☑ Aus der Form nehmen und dann in einem luftdichten Behälter im Kühlschrank oder auf der Theke aufbewahren.
- ☑ Genießen Sie Ingwerbier

.

82. Lavendellimonade

Ergibt: 10 Bomben

ZUTATEN:
- 6 Tassen Wasser
- 0,5 Tasse Honig
- 5 Esslöffel getrockneter Lavendel
- 1 Tasse frischer Zitronensaft, abgesiebt
- 1/2 Tasse Zitronensäure
- 1 Tasse Backpulver
- 1 Tasse Superfeiner Zucker
- 5g Akaziengummi

ANWEISUNGEN:
- ☑ Alle Zutaten in eine Schüssel abmessen.
- ☑ Bearbeiten Sie die Mischung mit Ihren Händen, bis eine sandige Konsistenz entsteht.
- ☑ Aus der Mischung Kugeln formen und zum Festwerden in eine Form geben.
- ☑ Aus der Form nehmen und dann in einem luftdichten Behälter im Kühlschrank oder auf der Theke aufbewahren.

83. Rosmarin-Blaubeer-Smash

Ergibt: 10 Bomben

ZUTATEN:
- 6 Unzen Blaubeersirup
- 4 Unzen Honigsirup
- 4 Unzen frischer Zitronensaft, abgesiebt
- Wasser
- Eine Prise getrockneten Rosmarin
- 1/2 Tasse Zitronensäure
- 1 Tasse Backpulver
- 1 Tasse Superfeiner Zucker
- 5g Akaziengummi

ANWEISUNGEN:
- ☑ Alle Zutaten in eine Schüssel abmessen.
- ☑ Bearbeiten Sie die Mischung mit Ihren Händen, bis eine sandige Konsistenz entsteht.
- ☑ Aus der Mischung Kugeln formen und zum Festwerden in eine Form geben.
- ☑ Aus der Form nehmen und dann in einem luftdichten Behälter im Kühlschrank oder auf der Theke aufbewahren.

84. Kokos-, Gurken- und Minzbombe

Ergibt: 10 Bomben

ZUTATEN:
- 3 Unzen Kokoswasser
- 3 Unzen Gurkensirup
- 3 Unzen Minzsirup
- 0,5 Tasse Limettensaft
- Wasser
- 1/2 Tasse Zitronensäure
- 1 Tasse Backpulver
- 1 Tasse Superfeiner Zucker
- 5g Akaziengummi

ANWEISUNGEN:
- ☑ Alle Zutaten in eine Schüssel abmessen.
- ☑ Bearbeiten Sie die Mischung mit Ihren Händen, bis eine sandige Konsistenz entsteht.
- ☑ Aus der Mischung Kugeln formen und zum Festwerden in eine Form geben.
- ☑ Aus der Form nehmen und dann in einem luftdichten Behälter im Kühlschrank oder auf der Theke aufbewahren.

85. Wassermelonen-Minz-Bombe

Ergibt: 10 Bomben

ZUTATEN:
- Wasser
- 1 Esslöffel Wassermelonensirup
- 1 Esslöffel Limettensaft
- 1 Esslöffel Minzsirup
- 1 Esslöffel Jalapeño-Sirup
- 1/2 Tasse Zitronensäure
- 1 Tasse Backpulver
- 1 Tasse Superfeiner Zucker
- 5g Akaziengummi

ANWEISUNGEN:
- ☑ Alle Zutaten in eine Schüssel abmessen.
- ☑ Bearbeiten Sie die Mischung mit Ihren Händen, bis eine sandige Konsistenz entsteht.
- ☑ Aus der Mischung Kugeln formen und zum Festwerden in eine Form geben.
- ☑ Aus der Form nehmen und dann in einem luftdichten Behälter im Kühlschrank oder auf der Theke aufbewahren.

86. Zitronengras- und Jasminbombe

Ergibt: 10 Bomben

ZUTATEN:
- 1/4 Tasse Zitronengrassirup
- 1/4 Tasse einfacher Sirup
- 1/4 Tasse Zitrone
- 4 Unzen Jasmintee
- 2 Unzen Litschisaft
- Wasser
- 1/2 Tasse Zitronensäure
- 1 Tasse Backpulver
- 1 Tasse Superfeiner Zucker
- 5g Akaziengummi

ANWEISUNGEN:
- ☑ Alle Zutaten in eine Schüssel abmessen.
- ☑ Bearbeiten Sie die Mischung mit Ihren Händen, bis eine sandige Konsistenz entsteht.
- ☑ Aus der Mischung Kugeln formen und zum Festwerden in eine Form geben.
- ☑ Aus der Form nehmen und dann in einem luftdichten Behälter im Kühlschrank oder auf der Theke aufbewahren.

87. Blaubeer-Mojito

Ergibt: 10 Bomben

ZUTATEN:
- 2 Unzen Minzsirup
- 2 Unzen Blaubeersirup
- 2 Unzen Limettensaft
- 2 Unzen einfacher Sirup
- Wasser
- 1/2 Tasse Zitronensäure
- 1 Tasse Backpulver
- 1 Tasse Superfeiner Zucker
- 5g Akaziengummi

ANWEISUNGEN:
- ☑ Alle Zutaten in eine Schüssel abmessen.
- ☑ Bearbeiten Sie die Mischung mit Ihren Händen, bis eine sandige Konsistenz entsteht.
- ☑ Aus der Mischung Kugeln formen und zum Festwerden in eine Form geben.
- ☑ Aus der Form nehmen und dann in einem luftdichten Behälter im Kühlschrank oder auf der Theke aufbewahren.

88. Jungfrau Paloma

Ergibt: 10 Bomben

ZUTATEN:
- 3 Unzen Limettensaft
- 3 Unzen Grapefruitsaft
- 3 Unzen Agavensirup
- Wasser
- Gesunde Prise Meersalz
- 1/2 Tasse Zitronensäure
- 1 Tasse Backpulver
- 1 Tasse Superfeiner Zucker
- 5g Akaziengummi

ANWEISUNGEN:
- ☑ Alle Zutaten in eine Schüssel abmessen.
- ☑ Bearbeiten Sie die Mischung mit Ihren Händen, bis eine sandige Konsistenz entsteht.
- ☑ Aus der Mischung Kugeln formen und zum Festwerden in eine Form geben.
- ☑ Aus der Form nehmen und dann in einem luftdichten Behälter im Kühlschrank oder auf der Theke aufbewahren.

89. <u>Wildcat-Kühler</u>

Ergibt: 10 Bomben

ZUTATEN:
- 1 Tasse Blaubeersirup
- Wasser
- 1 Tasse Zucker
- 1 Zitrone, entsaftet
- 1/2 Tasse Zitronensäure
- 1 Tasse Backpulver
- 5g Akaziengummi
- Prise Goldglanz

ANWEISUNGEN:
- ☑ In einem großen Topf Blaubeeren, Zucker und Wasser vermischen. Zum Kochen bringen.
- ☑ 15 Minuten bei geringerer Hitze köcheln lassen.
- ☑ Verwenden Sie ein feines Sieb, um die Saftpartikel vom Saft zu trennen, und legen Sie die Feststoffe dann beiseite.
- ☑ Kombinieren Sie die trockenen Zutaten in einer Schüssel, einschließlich Akaziengummi, Backpulver, Zucker und Zitronensäure.
- ☑ Fügen Sie die Blaubeermischung hinzu und zerdrücken Sie die Zutaten mit den Fingerspitzen, bis sie wie Sand aussehen.
- ☑ Aus der Masse Kugeln formen und diese in eine Form geben.

90. Ananas-Ingwer-Bierbombe

Ergibt: 10 Bomben

ZUTATEN:
- Wasser
- 1 Tasse Backpulver
- 4 Unzen Ananassaft
- 4 Unzen Ingwersirup
- 4 Unzen frisch gepresster Limettensaft
- 1/2 Tasse Zitronensäure
- 1 Tasse Superfeiner Zucker
- 5g Akaziengummi

ANWEISUNGEN:
- ☑ Alle Zutaten in eine Schüssel abmessen.
- ☑ Bearbeiten Sie die Mischung mit Ihren Händen, bis eine sandige Konsistenz entsteht.
- ☑ Aus der Mischung Kugeln formen und zum Festwerden in eine Form geben.
- ☑ Aus der Form nehmen und dann in einem luftdichten Behälter im Kühlschrank oder auf der Theke aufbewahren.

91. <u>Seedlip Spice & Tonic</u>

Ergibt: 10 Bomben

ZUTATEN:
- 2 Unzen Seedlip Spice 94
- Tonic-Sirup nach Geschmack
- Wasser
- Eine Prise Sternanispulver
- Eine Prise Zimtpulver
- 1/2 Tasse Zitronensäure
- 1 Tasse Backpulver
- 1 Tasse Superfeiner Zucker
- 5g Akaziengummi

ANWEISUNGEN:
- ☑ Alle Zutaten in eine Schüssel abmessen.
- ☑ Bearbeiten Sie die Mischung mit Ihren Händen, bis eine sandige Konsistenz entsteht.
- ☑ Aus der Mischung Kugeln formen und zum Festwerden in eine Form geben.
- ☑ Aus der Form nehmen und dann in einem luftdichten Behälter im Kühlschrank oder auf der Theke aufbewahren.

92. Ananas-Pangasius

Ergibt: 10 Bomben

ZUTATEN:
- 4 Unzen Erdbeersaft
- 6 Unzen Ananassaft
- 1/2 Tasse Zitronensäure
- 2 Unzen Limettensaft
- 1 Tasse Backpulver
- 1 Tasse Superfeiner Zucker
- Wasser
- 5g Akaziengummi

ANWEISUNGEN:
- ☑ Alle Zutaten in eine Schüssel abmessen.
- ☑ Bearbeiten Sie die Mischung mit Ihren Händen, bis eine sandige Konsistenz entsteht.
- ☑ Aus der Mischung Kugeln formen und zum Festwerden in eine Form geben.
- ☑ Aus der Form nehmen und dann in einem luftdichten Behälter im Kühlschrank oder auf der Theke aufbewahren.

93. Tahiti-Kaffee

Ergibt: 10 Bomben

ZUTATEN:
- 2 Unzen Limettensaft
- 1 Tasse Backpulver
- 1/4 Tasse einfacher Sirup
- 1/4 Tasse Passionsfruchtpüree
- 2 Unzen Kaltbrühkonzentrat
- 3 Unzen Honigsirup
- Wasser
- 2 Unzen Guavenpüree
- 1/2 Tasse Zitronensäure
- 2 Unzen Orangensaft
- 1 Tasse Superfeiner Zucker
- 5g Akaziengummi

ANWEISUNGEN:
- ☑ Alle Zutaten in eine Schüssel abmessen.
- ☑ Bearbeiten Sie die Mischung mit Ihren Händen, bis eine sandige Konsistenz entsteht.
- ☑ Aus der Mischung Kugeln formen und zum Festwerden in eine Form geben.
- ☑ Aus der Form nehmen und dann in einem luftdichten Behälter im Kühlschrank oder auf der Theke aufbewahren.

94. **Himbeerbienenknie**

Ergibt: 10 Bomben

ZUTATEN:
- Gefiltertes Wasser
- 4 Unzen Zitrone
- 4 Unzen Honig
- 1/2 Tasse Zitronensäure
- 4 Unzen Himbeersirup
- 1 Tasse Backpulver
- 1 Tasse Superfeiner Zucker
- 5g Akaziengummi

ANWEISUNGEN:
- ☑ Alle Zutaten in eine Schüssel abmessen.
- ☑ Bearbeiten Sie die Mischung mit Ihren Händen, bis eine sandige Konsistenz entsteht.
- ☑ Aus der Mischung Kugeln formen und zum Festwerden in eine Form geben.
- ☑ Aus der Form nehmen und dann in einem luftdichten Behälter im Kühlschrank oder auf der Theke aufbewahren.

95. Pina Serrano Margarita

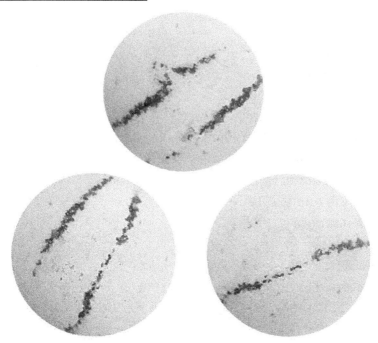

Ergibt: 10 Bomben

ZUTATEN:
- 6 Unzen Ananassaft
- 3 Unzen Limettensaft
- Wasser
- 3 Unzen einfacher Sirup
- Eine Prise Serrano-Chilipulver
- 1 Tasse Backpulver
- 1 Tasse Superfeiner Zucker
- 1/2 Tasse Zitronensäure
- 5g Akaziengummi

ANWEISUNGEN:
- ☑ Alle Zutaten in eine Schüssel abmessen.
- ☑ Bearbeiten Sie die Mischung mit Ihren Händen, bis eine sandige Konsistenz entsteht.
- ☑ Aus der Mischung Kugeln formen und zum Festwerden in eine Form geben.
- ☑ Aus der Form nehmen und dann in einem luftdichten Behälter im Kühlschrank oder auf der Theke aufbewahren.

96. Nopaloma-Bombe

Ergibt: 10 Bomben

ZUTATEN:

- 6 Unzen frisch gepresster Grapefruitsaft
- 1/2 Tasse Zitronensäure
- 4 Unzen frisch gepresster Limettensaft
- 3 Unzen Agavennektar
- Wasser
- Prise Salz
- 1 Tasse Backpulver
- 1 Tasse Superfeiner Zucker
- 5g Akaziengummi

ANWEISUNGEN:

☑ Alle Zutaten in eine Schüssel abmessen.

☑ Bearbeiten Sie die Mischung mit Ihren Händen, bis eine sandige Konsistenz entsteht.

☑ Aus der Mischung Kugeln formen und zum Festwerden in eine Form geben.

☑ Aus der Form nehmen und dann in einem luftdichten Behälter im Kühlschrank oder auf der Theke aufbewahren.

97. Revitalisierende Bombe

Ergibt: 10 Bomben

ZUTATEN:
- 5 Unzen Karottensaft
- Wasser
- 5g Akaziengummi
- 1 Tasse Backpulver
- 8 Unzen Apfelsaft
- 1/4 Tasse Ingwersirup
- 1/4 Tasse Limettensaft
- 1/2 Tasse Zitronensäure
- 1 Tasse Superfeiner Zucker

ANWEISUNGEN:
- ☑ Alle Zutaten in eine Schüssel abmessen.
- ☑ Bearbeiten Sie die Mischung mit Ihren Händen, bis eine sandige Konsistenz entsteht.
- ☑ Aus der Mischung Kugeln formen und zum Festwerden in eine Form geben.
- ☑ Aus der Form nehmen und dann in einem luftdichten Behälter im Kühlschrank oder auf der Theke aufbewahren.

98. <u>Arnold Palmers Fizzy Bomb</u>

Ergibt: 10 Bomben
ZUTATEN:

- ½ Tasse ultrafeiner reiner Rohrzucker
- ½ Tasse Puderzucker
- 2 Teelöffel Backpulver
- 1 ½ Teelöffel Schweißtee, flüssiger Wasserverstärker
- 1 ½ Teelöffel Limonade, flüssiger Wasserverstärker
- 6 Unzen Zitronensprudelwasser
- Zum Garnieren Zitronenscheiben hinzufügen
- Zitronenscheiben zum Garnieren

AUSRÜSTUNG

- 2 kleine Schüsseln
- 2 (1 Teelöffel) Maßnahmen
- Tablett mit Rand
- Eis
- 12-Unzen-Glas

ANWEISUNGEN:

- ☑ Ultrafeinen Zucker, Puderzucker und Backpulver in einer kleinen Schüssel vermischen. 2/3 Tasse Mischung in eine Schüssel geben; Mischen Sie den flüssigen Wasserverstärker für süßen Tee unter. In die verbleibende 1/3-Tasse-Mischung den Limonadenwasserverstärker einrühren. Beide Mischungen sollten nassem Sand ähneln.

- ☑ Drücken Sie die Mischung abwechselnd in 2 (1 Teelöffel) abgerundete Messlöffel und lassen Sie etwas Überschuss oben auf den Löffeln. Drehen Sie einen Löffel über den anderen. Löffel zusammendrücken und leicht schütteln.

- ☑ Nehmen Sie einen Löffel heraus und drehen Sie die Bombe in Ihre Hand. Entfernen Sie den restlichen Löffel und legen Sie die Bombe auf ein Tablett mit Rand. Wiederholen Sie den Vorgang mit der restlichen Mischung. Vor dem Servieren 4 Stunden trocknen lassen. Abgedeckt bei Raumtemperatur bis zu 2 Tage lagern.

- ☑ Zum Servieren Zitronensprudelwasser in einem 12-Unzen-Glas vermischen. 1 getrocknete Bombe hinzufügen; umrühren, um alles gut zu vermischen. Crushed Ice in das Glas geben.

99. Prosecco Rose

Ergibt: 10 Bomben

ZUTATEN:

- 8 Unzen Rosenwasser
- 8 Unzen Holunderblütenwasser
- 1 Tasse Backpulver
- Prise bulgarische Bio-Rosenknospen
- Eine Prise essbaren 24-Karat-Goldstaubs
- 1/2 Tasse Zitronensäure
- 1 Tasse Zucker
- 5g Akaziengummi
- Wasser

ANWEISUNGEN:

- ☑ Alle Zutaten in eine Schüssel abmessen.
- ☑ Bearbeiten Sie die Mischung mit Ihren Händen, bis eine sandige Konsistenz entsteht.
- ☑ Aus der Masse Kugeln formen und in eine Form geben.
- ☑ Passt gut zu Sekt oder Prosecco mit einem Schuss Limonade.

100. Fruchtige Getränkebomben

MACHT: 6 Bomben

ZUTATEN:
- 1 kleine Dose Fruchtcocktail, gewürfelt
- 2 Gramm Agarpulver
- 1 Esslöffel Zucker
- 2 Teelöffel Zitronensaft
- 250 ml Wasser und Fruchtsirup
- Erdbeeren, fein gewürfelt
- Kiwi, fein gewürfelt
- Blaubeeren, fein gewürfelt

ANWEISUNGEN:
- ☑ In einem Topf die Mischung aus Agarpulver, Zucker, Zitronensaft, Wasser und Sirup vermischen.
- ☑ Zum Kochen bringen.
- ☑ 2 Minuten köcheln lassen.
- ☑ In runde Eiswürfelformen füllen.
- ☑ Geben Sie die Fruchtstücke in Formen und gießen Sie die Agar-Mischung darüber.
- ☑ Den Formdeckel einrasten lassen und etwa 1 Stunde im Kühlschrank lagern.
- ☑ Fruchtbomben in einzelne Gläser füllen und mit Sekt servieren.

ABSCHLUSS

Wir hoffen, dass Ihnen diese Sammlung von Rezepten für heiße Schokoladenbomben gefallen hat und dass sie ein wenig Freude und Wärme in Ihr Leben gebracht haben. Heiße Schokoladenbomben sind nicht nur lecker, es macht auch Spaß, sie zuzubereiten und mit anderen zu teilen, und wir hoffen, dass Sie genauso viel Freude daran haben wie wir.

Egal, ob Sie klassische Milchschokolade oder einzigartigere Geschmacksrichtungen wie Pfefferminze, gesalzenes Karamell oder Red Velvet bevorzugen, in diesem Kochbuch ist für jeden ein Rezept dabei. Wir haben Schritt-für-Schritt-Anleitungen und hilfreiche Tipps beigefügt, um sicherzustellen, dass Ihre heißen Schokoladenbomben jedes Mal perfekt gelingen.

Vielen Dank, dass Sie sich für das Kochbuch „Das ultimative Kochbuch für heiße Schokoladenbomben" entschieden haben, und wir hoffen, dass diese Rezepte in den kalten Wintermonaten oder immer dann, wenn Sie einen kleinen Muntermacher brauchen, zu einem festen Bestandteil Ihrer Küche werden. Vergessen Sie nicht, Ihre Kreationen mit uns in den sozialen Medien unter #hotchocolatebombs zu teilen!

Printed by BoD™in Norderstedt, Germany